Antje Hövel

Faszination Peddigrohr

Für Anfänger und Fortgeschrittene

Antje Hövel, Jahrgang 1968

Werdegang

Als ich als gelernte Diplom-Sozialpädagogin (FH) 1997 für ein Jahr arbeitslos wurde, war dies ein Bruch, der meinem Leben eine völlig neue Richtung gab. Ich wollte etwas mit meinen Händen machen und probierte verschiedene Handwerke aus. Beim Flechten blieb ich, weil das Material nicht so weich ist wie Wolle, aber auch nicht so hart wie Stein und Metall. Dies kam meiner Art sehr entgegen.

Mein Flechtmeister Thorsten Heine aus dem Wendland führte mich in die Weidenflechterei ein. Ich bin sehr dankbar für seine Lehre, Führung und Verbundenheit auf flechterischer wie auch auf menschlicher und spiritueller Ebene bis heute.

Die Korbflechterinnentreffen und die bundesweiten, von den Kollegen organisierten Korbmärkte waren meine Inspirationsquelle für die Vielfalt der flechterischen Möglichkeiten. Inzwischen haben zwei bundesweite Korbflechterinnentreffen bei mir stattgefunden. So wurde ich in den Kreis der „Profis" aufgenommen – für mich als „Autodidaktin" ein wichtiger Schritt.

Seit 1999 unterrichte ich das Flechthandwerk mit Peddigrohr in der Berufsausbildung für Ergotherapeuten an der Bernd-Blindow-Schule Leipzig. Außerdem gebe ich bundesweit Kurse und Workshops in der Flechterei mit Weiden, Binsen, Peddigrohr, Stuhlflechtrohr usw. Im Winter ist die Pflanzzeit für die lebenden Weidenbau(m)werke, im Sommer zeige ich das Handwerk bundesweit und im Ausland auf historischen Märkten. Im Sommer 2000 gründete ich die Firma „VerFLECHTungen" und lebe seit dieser Zeit hauptberuflich von und mit der Flechterei.

Keine Lehrerin ohne Schüler – mit sehr viel persönlichem Engagement und Zeiteinsatz erlernten einige Menschen im Kurssystem das Flechthandwerk bei mir. Für drei der SchülerInnen ist die Flechterei inzwischen der Hauptberuf geworden.

Wenn mir vor zehn Jahren jemand erzählt hätte, wie die Begegnung mit der einfachen und heilsamen Flechterei mein Leben verändern würde, dann hätte ich dem einen Vogel gezeigt.

www.weidenfrau.de

Impressum

PROJEKTMANAGEMENT/LEKTORAT: Katrin Gerweck

LAYOUT: Karoline Steidinger

FOTOS: frechverlag GmbH, 70499 Stuttgart; Arbeitsschrittfotos (auf blauem Hintergrund) entstanden im Rahmen einer Projektarbeit in der Berufsausbildung der Gestaltungs-Technischen Assistenten (GTA 2) an der Bernd-Blindow-Schule Leipzig, betreut von Frau Harms, mit Katrin Baer, Josephin Wierczoch, Ilona Pfeifer, Francis Rembarz und Annelie Komarek; Modell-Fotos Fotostudio Ullrich & Co., Renningen.

DRUCK UND BINDUNG: Livonia Print SIA, Lettland

ISBN   978-3-7724-5510-0
Best.-Nr. 5510

10. Auflage 2022

© 2007 frechverlag GmbH,
Turbinenstraße 7, 70499 Stuttgart

Hinweis: Soweit nicht anders angegeben, wurde mit einem Stakendurchmesser von 3 mm und einem Fadendurchmesser von 2 mm geflochten. Bei allen Maßangaben ist ein gewisser Spielraum eingeplant, so dass Sie mit denselben Staken auch leicht größere Körbe fertigen können. Ansonsten rechnen Sie den gewünschten Höhenzuwachs einfach bei der Staken-länge dazu.

Inhalt

Vorwort

Flechten mit Peddigrohr macht Spaß und ist eine leicht erlernbare, schöpferische Tätigkeit mit preiswertem Material. Unter den eigenen Händen kleine Kunstwerke entstehen zu lassen, ist für viele Menschen eine bereichernde und wohltuende Erfahrung.

Peddigrohrflechten ist kinderleicht. Ab dem Alter, in dem Kinder etwa 20 Minuten an einer Sache dranbleiben, können sie auch flechten. Peddigrohr ermöglicht ab dem ersten Korb Erfolgserlebnisse, positive Resultate, brauchbare und hübsche Stücke sowie Freude bei sinnvoller Betätigung. Auch kompliziert aussehende Muster basieren auf der Wiederholung immer derselben Arbeitsgänge.

Das Material Peddigrohr ist gleichmäßig geschnitten und erleichtert eine regelmäßige Verarbeitung. Vom Kraftaufwand her ist es bedeutend leichter zu verarbeiten als die etwas kräftigere und störrischere Weide.

Jeder Korb ist ein Unikat. Der einzige schlecht geratene Korb ist der, den sie **nicht** flechten. Keiner weiß, was Sie sich am Anfang vorgestellt haben, und so wird nur das Ergebnis betrachtet. Ich habe noch keinen Korb gesehen, der nicht seine Bestimmung gefunden hat.

Die hier vorgestellten Stücke sind nur ein kleiner Teil der großen Vielfalt an Variationsmöglichkeiten – die verschiedenen Böden, Formen, Farben, Geflechtarten, Ränder und Abschlüsse, Henkel- und Griffvariationen ermöglichen immer neue Gestaltungen.

Einige meiner SchülerInnen haben die Angewohnheit, beim Arbeiten auf sich und ihr Werk zu schimpfen. Auf mein Angebot, sie von der Quelle ihres Ärgernisses zu befreien, reagierten sie mit Unverständnis. Spätere Nachfragen ergaben jedes Mal, dass auch diese bescholtenen Stücke ihren Platz gefunden haben oder dem Beschenkten viel Freude bereitet haben. Denn einen Korb für jemanden zu flechten, bedeutet in der Regel, an diesen Menschen mit Zuneigung zu denken.

Mein erster eigener Peddigrohrkorb vor zehn Jahren erschien mir missraten, schief und krumm, aber ich war stolz und das Flechten machte einen solchen Spaß, dass ich es weiter probierte. Nach drei Monaten kamen erste Anfragen für Kurse im Peddigrohrflechten.

Bisher kamen oft Menschen in meine Kurse, die Hilfe bei unzureichenden oder schwer verständlichen Anleitungen in Flechtbüchern suchten. Mit einer gewissen Euphorie, dies besser zu machen, ging ich an das Schreiben dieses Buches. Dabei stellte ich fest, dass es sehr schwer bis fast unmöglich ist, nur gestützt auf Wort und Bild die flechterischen Muster herüberzubringen. Ein Buch kann Sie nicht korrigieren. Als Flechtlehrerin sehe ich die Fehler meiner Schüler im Ansatz. Wenn Sie mit einem Sachverhalt nicht weiter kommen, empfehle ich Ihnen den Besuch eines Kurses in Ihrer Nähe. Adressen von Korbflechtern und Kursangebote finden Sie im Anhang dieses Buches.

Mit den Anregungen in diesem Buch sollen Sie Lust auf eigene Projekte bekommen. Ich wünsche Ihnen viel Freude mit jedem eigenen Stück!

Antje Hövel

Geschichtliches und Geschichten

Flechten ist ein altes und immer wieder neues „Hand-Werk". Es begeistert und fasziniert mich immer wieder, dass ich mich beim und mit dem Flechten in einer sehr alten Tradition der Menschheitsgeschichte befinde.

Der runde Boden, wie er auf Seite 13 gezeigt wird, lässt sich als Abdruck in einer über 7000 Jahre alten Schicht nachweisen. Das heißt, dass die Menschen schon seit Urzeiten auf genau dieselbe Art und Weise geflochten haben, wie wir dies heute noch tun.

Ein alter Streit zwischen Korbflechtern und Töpfern geht darum, welches Handwerk zuerst da war, ob zuerst ein Korb mit Lehm verschmiert als Wassergefäß diente oder ein reines Tongefäß. Vermutlich ist dies wie die Frage, was zuerst da war: die Henne oder das Ei? Als Flechterin ist meine Antwort klar.

Flechten steht mit der Kulturgeschichte der Menschheit in engem Zusammenhang. Im Sinne von lateinisch texere (weben, flechten = zusammenfügen) steht es von der Größe und Festigkeit der Hüllen her in der Mitte zwischen den Textilien als Flechtwerke feinerer Art und der Architektur als Flechtwerke größerer und gröberer Art.

Das Wort Wand kommt vom Wortstamm „winden". Die ersten Wände und Zäune waren geflochten. Auch die Begriffe Werk und wirken lassen sich der Sprachwurzel folgend aus dem Flechten herleiten. Selbst das „Be-greifen" geschieht bis in die heutige Zeit mit den Händen und nicht mit dem Kopf.

Für dieses Handwerk braucht es wenige Werkzeuge. Stärkere Stöcke aufstellen und mit dünnerem Flechtmaterial umwickeln, konnten schon die Menschen in der Vorzeit.

Flechten kommt somit aus einer Zeit, in der man noch nicht gesagt hat: „Zeit ist Geld".

Bis heute gibt es keine Maschine, die einen Korb vom Boden bis zum Abschluss flechten kann. Mit den Besonderheiten und Unebenheiten des Materials umgehen kann nur die menschliche Hand. Die bei uns erhältlichen Billigkörbe kommen aus Billiglohnländern. Es gibt bisher keine DIN-Normen in der Flechterei.

Als Handwerk hat die Flechterei in jedem Landstrich eine andere Ausprägung, andere Materialien, andere Techniken, andere Bezeichnungen für denselben flechterischen Sachverhalt und andere Korbformen für den täglichen Gebrauch hervorgebracht. In diesem Sinne sind Abschauen, Schummeln und Tricksen erwünscht. Wenn Sie selber experimentieren und weiterentwickeln, befinden Sie sich in einer langen Traditionslinie.

Jedem geläufig dürfte das Wort „jemandem einen Korb geben" sein für jemanden abweisen, ablehnen. Dem liegt folgende Geschichte zugrunde: Vor langer Zeit, als die Lasten noch mit Aufzügen, an denen stabile Körbe hingen, außen an den Häusern hochgezogen wurden, nutzten viele Freier diesen Weg, um in die Kemenate der Angebeteten zu gelangen. Jedoch konnte es geschehen, dass sie – sehr zum Spott der Anwesenden – entweder aufgrund eines verrottenden Bodens unten blieben oder – noch schlimmer – auf halbem Wege hängengelassen wurden. Daher rührt auch das Wort „jemanden hängen lassen".

In dieser alten Zeit führten die Mädchen zum Tanze zwei Körbe mit – einen mit und einen ohne Boden. Keiner der Umstehenden konnte sehen, welcher der Körbe gegeben wurde, aber der Betreffende wusste Bescheid.

Kleine Materialkunde

Peddigrohr ist das Mark der tropischen Kletterpalme Calamus rotang, die bei uns Rattan genannt wird. Diese Liane klettert an den Bäumen hoch bzw. inzwischen auf Plantagen an Stricken entlang. Sie wird bis zu 150 Meter lang und wächst sehr schnell. Nach der Ernte wird sie von ihrer dornigen Außenhaut befreit. Aus der inneren Rinde wird das Stuhlflechtrohr gewonnen. Die nächste Schicht wird zu Peddigschienen verarbeitet. Das sind 4 mm bis 10 mm breite Bänder mit einer halbrunden, glatten Außenseite. Aus dem Mark wird unser Peddigrohr mit Maschinen in den handelsüblichen Stärken herausgeschnitten. Es ist leicht und stabil, biegsam und massiv zugleich.

Kauf

Peddigrohr können Sie in Bastelgeschäften, beim Korbmacher oder beim Großhändler erwerben. Korbmacher finden Sie über die Gelben Seiten in Ihrer Region.

Für meine Arbeit bevorzuge ich Material, das ich direkt vom Großhändler beziehe, da ich hier mit frischer Ware von hoher Güte rechnen kann. Je mehr Zwischenhandelsstufen hinzukommen, mit desto längeren Lagerungszeiten muss man rechnen, die sich wiederum ungünstig auf Qualität und Flechteigenschaften auswirken.

Es gibt naturhelles, gebleichtes und geräuchertes/gebeiztes Peddigrohr. Als naturhell wird das unbehandelte Rohr bezeichnet. Gebeizte oder gebleichte Rohre sind durch ihre Behandlung spröder und brechen leichter.

Im Handel werden folgende Qualitäten angeboten: Peddigrohr in Standardqualität erhalten Sie unter dem Namen Rotband. Seine Haltbarkeit sowie sein Schnitt sind gut. Die höchste Qualitätsstufe wird unter dem Namen Blauband vertrieben. Material in dieser Güte wurde durch eine besondere Auslese selektiert. Im Angebot ist weiterhin das sogenannte Schwarzband, von dem ich trotz seines günstigen Preises abraten möchte. Vorsicht ist angesagt, da unter diesem Namen auch überaltertes und überlagertes Material, teilweise mit Schimmelflecken, in den Handel kommt.

Tipp: Wenn Sie weniger als derzeit 0,90 Euro für 100 g Peddigrohr bezahlen müssen (außer manchmal beim Großhändler), ist Vorsicht angebracht, da Ihnen hier unter Umständen überlagertes Material angeboten wird. 100 g Peddigrohr ergibt einen großen Blumenübertopf.

Hinweise zur Materialbeschaffung finden Sie auf Seite 96. Wenn Sie die im Buch verwendeten 3 mm-Staken und 2 mm-Fäden nicht erhalten, können Sie auch auf etwas dünneres oder dickeres Material ausweichen. Dabei sollten die Staken mindestens 0,6 mm stärker sein als die Fäden. Fäden gibt es z. B. in den Stärken 1,6 mm, 1,8 mm, 2,0 mm, 2,2 mm, 2,4 mm, 2,6 mm usw. Als Staken können Sie Rohr mit Durchmesser 3,0 mm, 3,5 mm, 4,0 mm oder 5,0 mm verwenden.

Lagerung

Peddigrohr sollte trocken, staubgeschützt, möglichst langgelegt und nach Stärken sortiert und beschriftet gelagert werden.

Sie können es in Regale oder in große Kisten legen. Ebenso können Sie es über Schränke hängen. In meiner Arbeit hat es sich bewährt, das Material nach Stärke sortiert, in großen Rohren (als Abwasserrohre in jedem Baumarkt erhältlich) zu lagern, die als Gestell an eine Wand montiert sind. Damit können einzelne Fäden leichter aus dem gesamten Bündel – von mir gerne auch als Schlange bezeichnet – herausgezogen werden. Dabei sollten Sie besser am Kopf der Schlange ziehen, um ein nur schwierig zu lösendes Verfitzen zu vermeiden.

Hinweis: Wenn Sie trockenes Rohr in feuchten Kellern lagern, nimmt das Rohr die Luftfeuchtigkeit auf und beginnt zu schimmeln. Nasses oder feuchtes Rohr muss unbedingt an der Luft trocknen, bevor es eingelagert wird.

Reste, die noch für andere Arbeiten verwendet werden können, sollten Sie wiederum nach Stärke sortiert bündeln und lagern. Ich verarbeite Reste von 2 mm-Fäden ab 80 cm Länge und 3 mm-Staken ab 15 cm Länge zum Beispiel für Bodenstaken weiter.

Mit zunehmender Lagerungszeit wird das Material spröder und brüchiger, d.h., seine für das Flechten notwendige Elastizität nimmt stark ab. Nach zwei- bis dreijähriger Lagerungszeit muss das Material vor der geplanten Verarbeitung deutlich länger gewässert werden als frisches Material, ohne jedoch seine ursprüngliche Elastizität wieder zu erreichen.

Speziell beim Biegen von Staken zeigt sich die Brüchigkeit des Materials.

Wenn Sie das Material in klein gerollten Ringen erwerben, sollten Sie diese kurz in Wasser eintauchen und dann gestreckt trocknen und lagern, da das klein gerollte Material dazu neigt, sich stark miteinander zu verfitzen.

Das Alter des Materials ist in gewissem Umfang an seiner Farbe erkennbar: Frisches Rohr sieht hellbeige aus, wie ganz helles Ahornholz. Älteres Rohr dunkelt in einen hellbraunen Farbton nach. Auf Seite 85 sehen Sie ein Beispiel für diesen Unterschied zwischen dem Schirm des Basecaps und dem vier Jahre älteren Sonnenhut.

Färben/Oberflächenbehandlung

Peddigrohr lässt sich grundsätzlich mit allen wasserlöslichen Farben und Beizen einfärben. Dabei kann es unbeschadet in der Färb-/Beizlösung gekocht werden. Es können sowohl einzelne Fäden vor der Verarbeitung als auch das vollendete Werkstück getaucht oder die Farbe mit dem Pinsel aufgetragen werden.

Zum Färben können verwendet werden:

◆ handelsübliche Holzbeizen

◆ Stofffarben, Batikfarben, Ostereierfarben

◆ Naturfarben wie Färbekrapp, Zwiebelschale, Färbekamille ...

◆ Holzlasuren, die Farbe und Schutzschicht in einem sind.

Bei der Verarbeitung der von Ihnen gewählten Farben/Beizen sowie des Korblackes beachten Sie bitte die jeweiligen Herstellerhinweise.

Nach dem Färben kann das Werkstück mit Öl oder flüssigem Wachs bestrichen werden, um die Oberfläche zu versiegeln. Eine Mischung aus transparentem Holzleim und Wasser (verdünnt im Verhältnis 1:1) kann ebenfalls verwendet werden.

Zum Lackieren von Korbware ist normaler Lack ungeeignet, weil er – sooft das Werkstück in sich bewegt wird – leicht Risse bildet und damit unansehnlich wird. Generell wird Peddigrohr eher im Innenbereich eingesetzt, denn als schnell wachsendes Holz würde es sich ohne ständige Beschichtung unter dem Einfluss der Witterung rasch wieder auflösen. Auch ohne

Beschichtung lassen sich staubige und verschmutzte Körbe unter Wasser abbürsten. Sie müssen danach gut an der Luft trocknen, am besten mit dem Boden nach oben.

Werkzeuge und Hilfsmittel

- Wassergefäß, Wasser zum Einweichen
- Seitenschneider oder starke Haushaltsschere zum Abschneiden
- Vorstecher (alternativ: belastbare Stricknadel) und Stechunterlage (Stechbrett)
- Lineal oder Zollstock
- Rundzange zum Anknicken der Staken
- Kerze oder Feuerzeug zum Abflammen feiner Härchen

- Sprühflasche zum späteren Wiederbefeuchten des Flechtwerkes
- Handtuch zum Unterlegen
- Holzklammern zur Musterbildung im Geflecht
- gute Handcreme, da ständiger Kontakt mit Wasser die Hände schnell austrocknen lässt

Verarbeitung

Peddigrohr besitzt eine natürliche Geschmeidigkeit, die jedoch zum Flechten noch nicht ausreichend ist. Deshalb weiche ich es vor dem Flechten ca. drei Minuten in handwarmem Wasser ein. Die Fäden werden einzeln aus dem Bündel herausgezogen und zu kleinen Ringen geschlungen ins Wasser gelegt. Auch während der Verarbeitung sollen Staken und Fäden ständig feucht gehalten bzw. nach einer Arbeitspause wieder befeuchtet werden. Kleinere Werkstücke können mit den Staken nach unten bis an das bereits bestehende Geflecht heran ins Wassergefäß eingetaucht werden. Bei größeren Stücken helfen ein Schwamm, Lappen oder ein Pflanzenbesprüher.

Peddigrohr ist ein Flechtmaterial, das es liebt, sich selbst zu verflechten. Ein unlösbares Gewirr entsteht, wenn Sie zwei oder mehr Fäden gleichzeitig aus dem Kopf der Schlange ziehen wollen oder gar am Schwanz der Schlange ziehen.

Älteres Material sollten Sie bis zu einer halben Stunde wässern. Noch längeres Wässern ist dagegen wenig sinnvoll, da dadurch das Material vergraut, fa-serig und wieder brüchiger wird. Das bedeutet, dass Sie nicht mehr Material einweichen sollten, als Sie in der nächsten Stunde auch verarbeiten können.

Um das Ausbluten von gebeiztem oder gefärbtem Material zu verhindern, ist es günstig, die Fäden nur für einen ganz kurzen Moment in das Wasser einzutauchen und diesen Tauchvorgang nach drei bis fünf Minuten zu wiederholen. Gleiches gilt für verwendete Sperrholzböden: Auch diese sollten nur kurz eingetaucht werden, damit sich der Leim zwischen den einzelnen Holzschichten nicht löst.

Haben Sie keine geeignete Werkbank im Hause und sind Sie also auf die Arbeit am Küchentisch angewiesen, so sollten Sie diesen besser mit einem guten Wachstuch vor der ständigen Feuchtigkeit schützen.

Nach der Fertigstellung Ihres Stückes können Sie die abstehenden Fasern abzupfen, mit der Nagelschere abschneiden oder mit dem Feuerzeug oder der Kerze abbrennen. Die Flamme wird am noch feuchten, aber schon angetrockneten Korb seitlich vorbei geführt.

Wenn Sie mit der gebotenen Vorsicht arbeiten, kann das Geflecht nicht anbrennen, denn nur die Fasern brennen ab, das Feuer verlöscht am Geflecht.

Grundlegendes zum Flechten

Die Arbeit des Flechtens ist ein fortwährendes Biegen, Halten, Verwinden, um die Arbeit in Richtung der gedachten Form zu bringen.

Die Staken geben dem Korb die Form. Dazu sollten sie immer dicker sein als die Fäden. Die Fäden sollen die Staken in der gewünschten Form festhalten und werden quer zu den Staken verflochten. Dabei werden sie im Slalom um die Staken herum geschlängelt und sollen die Staken nicht aus ihrer Bahn werfen (siehe Skizze).

Staken und Fäden sollen feucht verarbeitet werden. Speziell vor dem Biegen sind die Staken gut zu

wässern. Das Material wird feucht in eine neue Form gebracht und erhärtet durch das Trocknen.

Schief stehende Staken müssen regelmäßig gerichtet werden. Es ist auf gleichmäßigen Abstand der Staken zu achten.

Um eine starke Richtungsänderung zu erzielen, müssen die Staken besonders behandelt werden. Die Spannung muss aus den Staken genommen werden. Die Staken wollen in ihrer alten Richtung weiterlaufen und sie müssen in die neue Richtung gezwungen werden. Das hört sich gewaltsam an und muss auch so ausgeführt werden.

Vor dem Hochbiegen werden die Wandstaken mit dem Vorstecher durchgestochen, mit der Rundzange angeknickt oder über das festgehaltene Geflecht abgekippt.

Vor dem Abschluss werden die Staken mit der Rundzange angeknickt.

Tipp: Wenn ein Gewicht den Korb festhält, ist das Flechten einfacher.

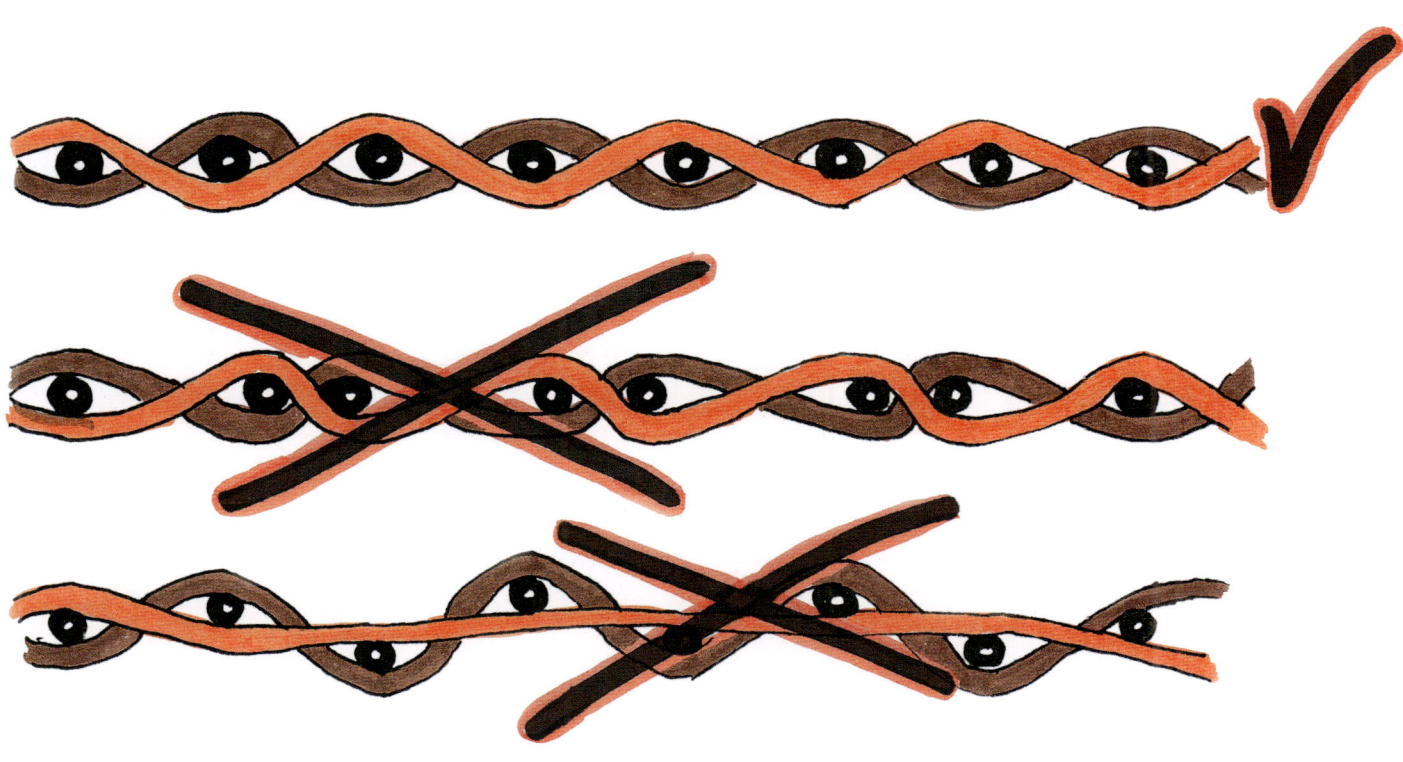

Handhaltung beim Flechten

Im Folgenden wird der Flechtvorgang rechtshändig erklärt. Wer linkshändig flicht, führt dementsprechend alles seitenverkehrt aus.

Die Fäden werden nach rechts geführt, dabei wird der Korb nach links weggedreht.

Die linke Hand hält die Staken fest und richtet sie entsprechend der gewünschten Form.

Die rechte Hand drückt den Faden um die Staken herum an seinen Platz, ohne am Faden zu ziehen.

1 Auf dem Foto sehen Sie, wie der linke Zeigefinger die Stake innen unterstützt, die gerade außen umflochten werden soll. So kann der Faden die Stake nicht aus ihrer Kreisbahn bringen.

2 Der linke Daumen führt den Faden mit, während die rechte Hand die nächste Stake nach außen biegt, um den Faden besser dahinter legen zu können.

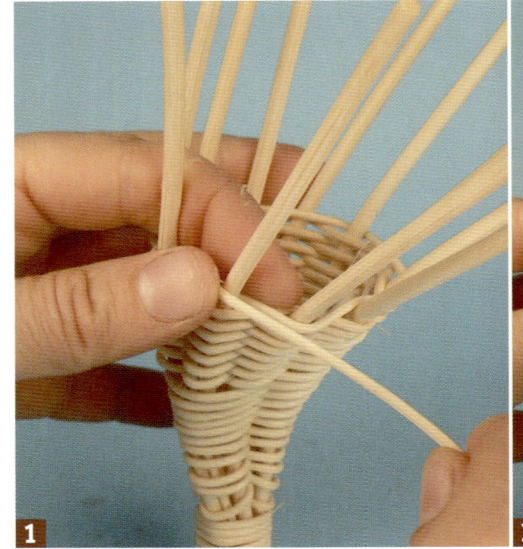

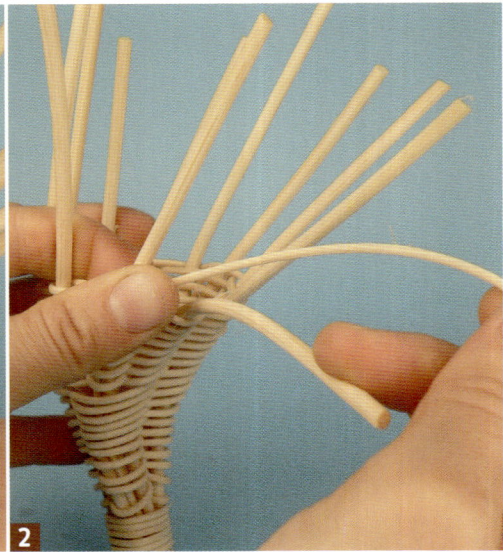

3 Die Stake ist zurück auf ihrem Platz. Beim Herunterlegen hält der linke Daumen den Faden so lange von der Stake fern, bis er ihn unten auf das bisherige Geflecht ablegen kann. Dadurch biegt sich der Faden

um die Stake herum und die Stake muss nicht dem Faden ausweichen.

4 Der Faden wird ohne viel Kraft mit der linken Hand auf dem bisherigen Geflecht festgehalten – auch dann, wenn er bereits weitergeführt wird, ansonsten würde sich das fertige Geflecht wieder verschieben und Lücken bilden.

Diese Handhaltung beim Flechten wird Ihnen durch ständige Wiederholungen in Fleisch und Blut übergehen. Sie soll als Vorschlag, jedoch nicht als Zwang verstanden werden.

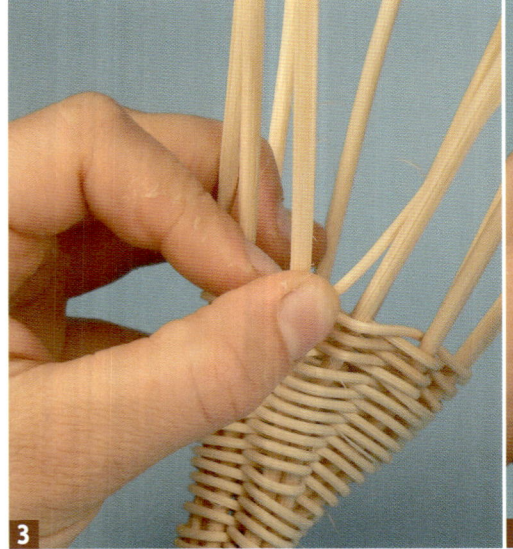

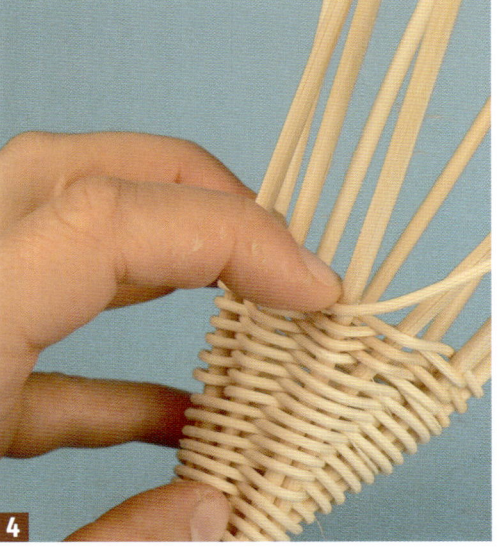

Böden

Holzboden – einfaches Füßchen

Das einfache Füßchen ist eine Form des Abschlusses, die sowohl als Rand oben als auch als Verbindung von Staken mit dem Holzboden unten genutzt wird. Als Rand nennt man es „Kipprand über zwei". Ein Beispiel sehen Sie am Scoubidoukorb auf Seite 30 und Seite 57.

1 Die angefeuchteten Staken werden durch die Löcher im Boden gesteckt und stehen an der unteren Seite des Bodens zweieinhalb Stakenzwischenräume (ca. 5 cm) hervor. Das Umbiegen der Staken erfolgt wegen der Bruchgefahr langsam. Der Flechtrhythmus ist „vor eins, hinter eins". Jede Stake geht außen um die nächste herum und bleibt innen hinter der übernächsten liegen. Die nachfolgende Stake hält die vorhergehende fest.

2 Die vorletzte Stake (blau) schlägt innen an die erste, liegende Stake (rot) an. Diese kann etwas nach oben geschoben oder mit der Ahle gelockert werden.

3 Die letzte Stake (grün) legt sich nach innen unter die erste Stake (rot). Sind die Staken zu kurz, werden sie bis zur passenden Länge durch den Boden gezogen. Sind die Staken zu lang und behindern dadurch das Nach-innen-Legen der nächsten Stake, werden sie durch Zurückziehen gekürzt.

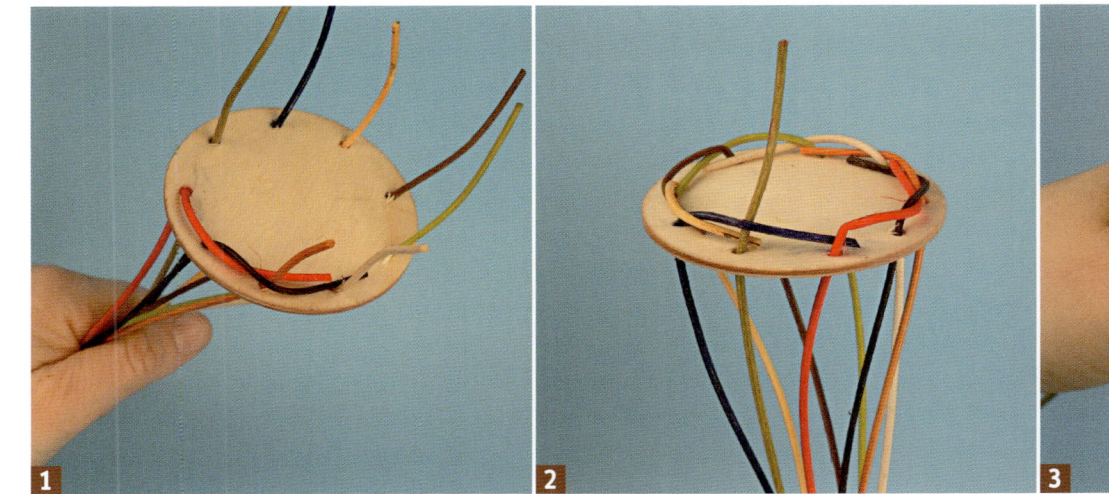

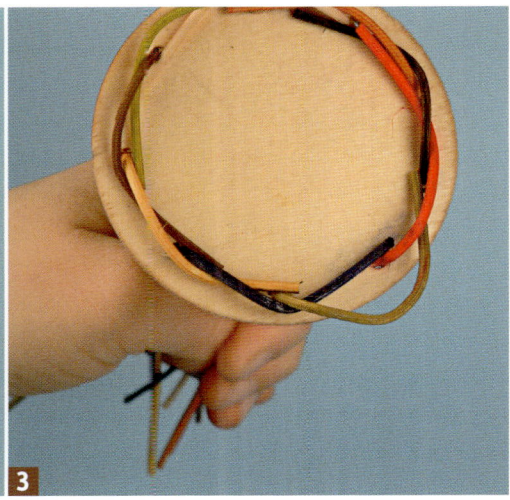

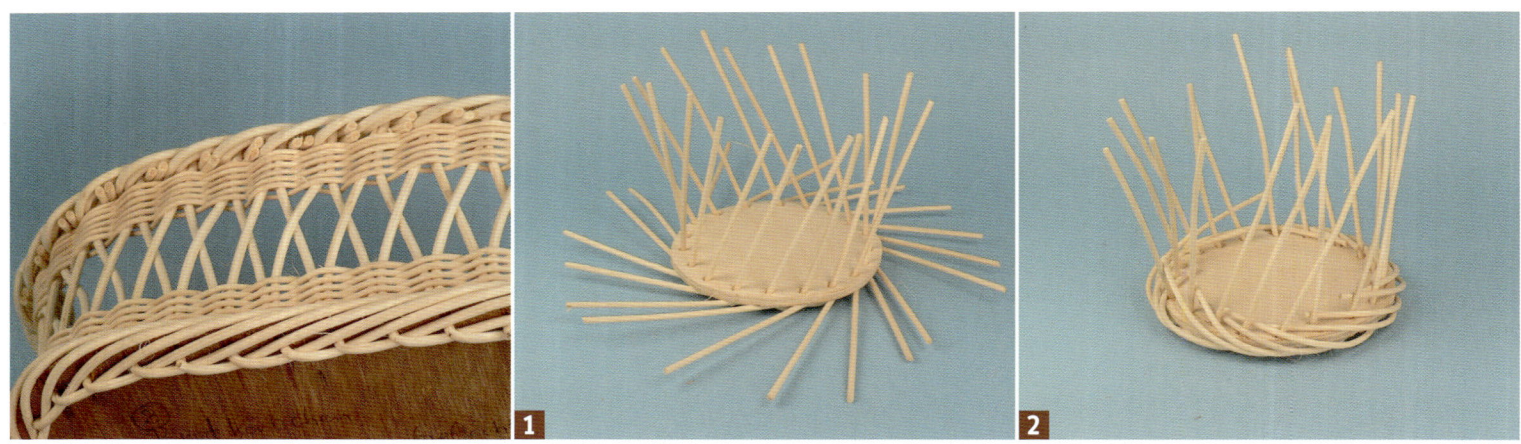

Füßchen überdeckt Holzboden

Für diese Form der Verbindung von Holzboden und Staken werden die angefeuchteten Staken besonders weit durch den Boden nach unten gezogen. Die erforderliche Stakenlänge entspricht dem achtfachen Abstand zwischen den Bohrungen im Holz.

Tipp: Markieren Sie die Staken auf der erforderlichen Länge, und binden Sie die langen Staken auf der oberen Seite nah beim Boden eng zusammen, damit Ihnen die Staken beim Flechten des Füßchens nicht verrutschen.

1 Schlagen Sie die erste Stake auf der unteren Seite erst nach innen hinter die nächste Stake und dann vor der übernächsten Stake nach außen. Die zweite Stake schlagen Sie über die erste hinweg wiederum nach innen und dann nach außen. Die letzte Stake kommt zunächst nach innen und anschließend unter die erste Stake nach außen. Auf diese Weise entsteht auf der unteren Seite ein geschlossener Ring, in dem eine Stake die andere hält.

2 Jetzt wird der Korb auf seinen Boden gestellt. Die erste Stake nach oben biegen und hinter die siebte Stake nach innen legen. Die zweite Stake wird oben hinter der achten nach innen gelegt. So fahren Sie bis zur letzten Stake fort. Diese wird in den Zwischenraum vor die erste Stake gelegt. Sollte das System nicht aufgehen, haben Sie an irgendeiner Stelle entweder einen Zwischenraum übersprungen oder aber zwei Staken in den gleichen Zwischenraum gelegt. Ist eine Stake zu kurz, können Sie sie durch Nachschieben von unten verlängern.

Die erste Runde des Flechtwerkes hält die Enden dieses Füßchens an ihrem Platz fest. Erst nach Abschluss der ersten Flechtrunde sollte mit dem Biegen der Staken begonnen werden, da sonst die Gefahr des Herausrutschens der Staken besteht.

Holzböden

Fertige Holzböden erhalten Sie im Bastelbedarf oder beim Großhändler. Als Bastler und Heimwerker können Sie die Böden aus Sperrholz auch selber herstellen, wenn Sie sägen, bohren und mit Schleifpapier entgraten können:

Bei Anfängerstücken nimmt man in der Regel eine ungerade Lochanzahl, um mit einem Faden arbeiten zu können. Der Lochdurchmesser soll mindestens 0,5 mm stärker sein als die Stake. Bei dem anfangs am meisten benutzten 3 mm-Stakendurchmesser sind das 3,5 mm oder 4 mm. Die Bohrlöcher haben einen Abstand von 1,5 cm bis 2,5 cm voneinander und sind etwa 0,5 cm bis 0,7 cm vom Holzrand entfernt. Wenn der Korb nach außen wachsen soll, nehmen Sie besser den kleineren Lochabstand von 1,5 cm.

Für die kleineren Stücke bis etwa 15 cm Durchmesser ist das billige Pappelsperrholz mit einer Stärke von 4 mm ausreichend. Für größere Böden wählen Sie 6 mm-, für Tabletts 8 mm-Sperrholz.

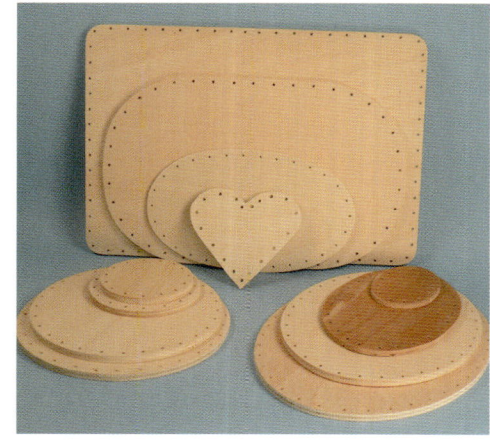

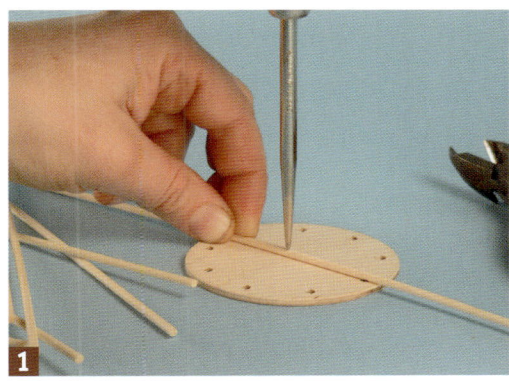
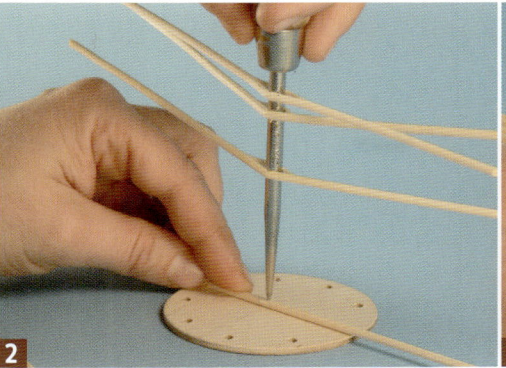

Runder Boden

An diesen Boden sollten Sie sich erst wagen, wenn Sie das Zweiergeflecht beherrschen. Ein Korbboden wird gewölbt gefertigt und steht auf dem Außenrand, damit er nicht kippt. So ist die Mitte bei runden und ovalen Korbböden leicht erhöht.

Schneiden Sie die Bodenstöcker auf die Größe des geplanten Bodens plus 5 cm Sicherheit zu. Bei einem Bodendurchmesser von bis zu 10 cm brauchen Sie sechs Bodenstöcker, bei 10 cm bis 20 cm Bodendurchmesser benötigen Sie acht, bei 20 cm bis 30 cm Bodendurchmesser werden zehn bis zwölf gebraucht. Über 30 cm Bodendurchmesser nehmen Sie besser stärkeres Rohr, z. B. 4 mm-Staken und 3 mm-Fäden oder fertigen einen Holzboden.

1 Sie halten das Rohr gut fest und stechen mit dem Vorstecher in der Mitte ein.

2 Dann ziehen Sie nacheinander vier Bodenstöcker (für einen Korb mit einem Durchmesser von 10 cm bis 20 cm Durchmesser) auf den Vorstecher hoch. Die Spitze des Vorstechers sollte dabei auf der Stechunterlage bleiben, damit Sie sich nicht verletzen.

3 Jetzt schieben Sie rechts und links des Vorstechers zwei Bodenstöcker durch.

4 Nehmen Sie den Vorstecher heraus und fügen Sie in die Mitte die restlichen zwei Bodenstöcker ein.

5 Legen Sie das Peddigrohr in eine Schlaufe und diese über eine der Vierergruppen. Es wird im Zweiergeflecht geflochten (siehe Seite 19). Dabei läuft ein

Faden vor (= über) und ein Faden hinter (= unter) der Vierergruppe entlang. Beide Fäden sollen sich miteinander verdrehen wie ein Seil.

6 Arbeiten Sie im Zweiergeflecht drei Runden um die Vierergruppen. Diese drei Runden halten das Kreuz fest. Der äußere der beiden Fäden hält den inneren fest, so dass Sie den anderen Faden umgreifen können. Danach biegen Sie die Vierergruppen in Zweiergruppen auf. Dabei müssen Sie die gut geweichten Staken kräftig auf fast 180 Grad überbiegen. Durch das Überbiegen wird die Spannung aus den Staken genommen.

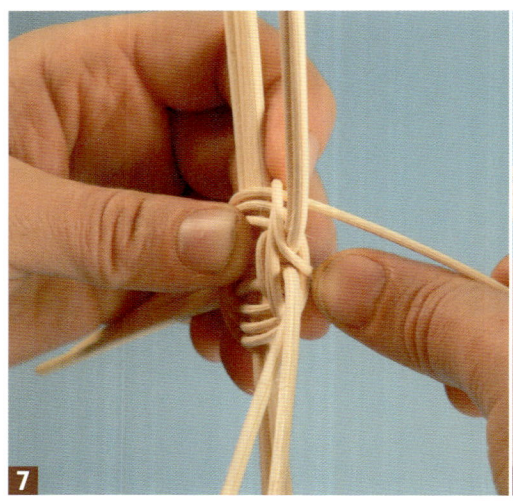 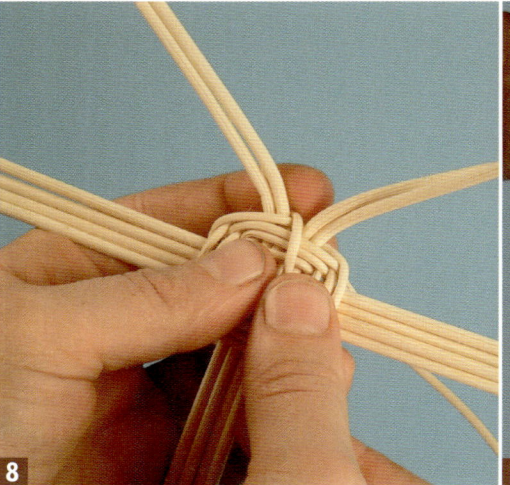 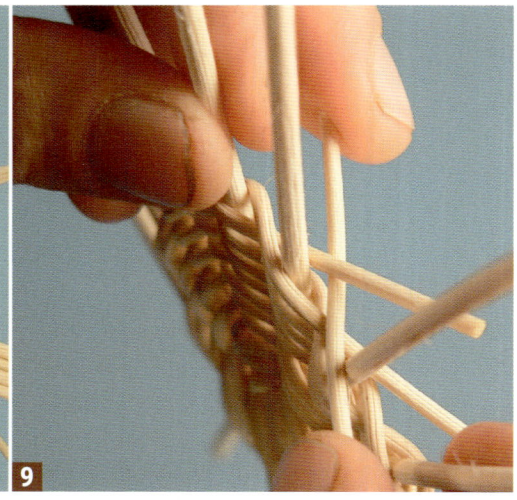

7 In die entstehende Lücke zwischen den Zweiergruppen drücken Sie einen Faden tief hinein und halten ihn gut fest.

8 Mit dem anderen Faden gehen Sie über den ersten und können ihn noch etwas Richtung Zentrum ziehen. Nachdem Sie drei Runden um die Zweiergruppen geflochten haben, vereinzeln Sie die Staken.

Danach arbeiten Sie bis zum geplanten Bodendurchmesser im Zweiergeflecht.

9 Wenn Fäden zu Ende gehen, werden sie verlängert, wie auf Seite 21 beschrieben und wie auf obigem Foto gezeigt.

10 Hat der Boden seinen Durchmesser erreicht, werden die Fadenenden neben einer Stake nach unten

ins Geflecht eingesteckt. Dazu knicke ich sie erst über meinem Daumen ab.

11 Dann schneide ich sie kürzer und schaffe Platz mit dem Vorstecher.

12 Zuletzt drücke ich die Enden nach unten ins Geflecht.

 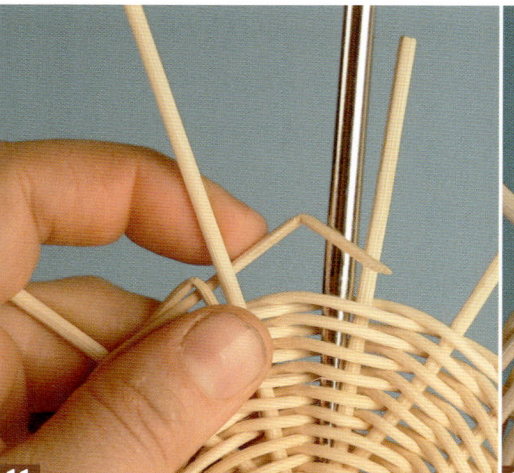 

Die Fadenenden werden so abgeschnitten, dass sie über der Stake Halt finden. Ich schneide am Boden auf der unteren Seite ab, da sich der Boden ja immer wölbt. So stören die Fadenenden nicht, siehe Foto unten links.

Sie können den Boden und die Wandstaken auch aus einem Stück heraus fertigen. Dies lohnt sich speziell bei kleineren Körben und Schalen. Wenn Sie größere Körbe fertigen wollen, sollten Sie erst den Boden fertigen und dann die Wandstaken zustecken. Ein Kreuz von mehr als 65 cm Durchmesser ist in der Handhabung unpraktisch.

Neben dem auf den Seiten 13 und 14 beschriebenen Boden mit gespaltenem Kreuz können Sie runde Böden auch in anderen technischen Varianten fertigen. Wenn Sie die Staken nicht spalten wollen, können Sie sie übereinander legen und mit einem dünnen Faden festbinden. Dieser Faden kann später auch herausgeschnitten werden.

Das Zweiergeflecht ermöglicht größere Festigkeiten, was für die Böden von Vorteil ist. Manchmal erscheint es einfacher, auch den Boden im Einergeflecht zu arbeiten. Sie können dann entweder im Einergeflecht mit

einer zugesteckten Hilfsstake (wegen der ungeraden Stakenanzahl) und einem Faden arbeiten, oder Sie fertigen das Einergeflecht mit zwei aufeinanderfolgenden Fäden, siehe Seite 18.

Ovaler Boden

Ein ovaler Boden ist ein auseinander gezogener runder Boden. Auch er wird gewölbt gefertigt.

Das Kreuz in der Mitte des runden Bodens nennt man beim ovalen Boden Spiegel. Die Länge des Spiegels bestimmt die Form des ovalen Bodens. Ein langgezogener Spiegel hat einen eher länglichen Boden zur Folge, ein kürzerer Spiegel ergibt einen eher rundlichen Boden.

In einigen Flechtbüchern wird der ovale Boden im Zweiergeflecht erklärt. Nach meiner Erfahrung haben Anfänger damit Probleme. Das Zweiergeflecht ist ein gedrehtes Geflecht. Die Kräfte der Drehung auf der langen Seite würden den ovalen Boden verformen. Es erfordert viel Übung, dem entgegen zu arbeiten. Aus diesem Grund erkläre ich die ovalen Böden im Einergeflecht mit zwei aufeinanderfolgenden Fäden.

Das folgende Beispiel beschreibt einen Boden mit einer Spiegellänge von 10 cm. Das ergibt einen Boden mit einer Länge von 20 cm und einer Breite von etwa 10 cm.

Ich beginne mit acht Querstaken, die gespalten werden, und drei Längsstaken, die durchgesteckt werden. Der Abstand zwischen den Querstaken auf der langen Seite beträgt immer 2 cm. Die beiden Außenstaken rechts und links sind doppelt gelegt. Der Abstand zwischen ihnen beträgt 10 cm.

Tipp: Ist der Spiegel länger, erhöht sich die Anzahl der Querstaken jedoch nicht deren Abstand.

Sie beginnen mit einer Schlaufe und flechten vier Runden im Einergeflecht mit zwei aufeinanderfolgenden Fäden um den Spiegel, siehe Skizze. Um wieder eine ungerade Stakenanzahl zu erhalten und mit nur einem Faden weiterarbeiten zu können, stecke ich eine Hilfsstake (im Foto unten rechts rot) in eine größere Lücke und ende an dieser Stelle mit einem Faden. Beim weiteren Flechten drücke ich alle bisher parallel laufenden Staken auseinander, so dass sie den gleichen Abstand voneinander haben. Dabei ist es notwendig, einige der Querstaken aus der langen Seite Richtung runde Seite zu biegen.

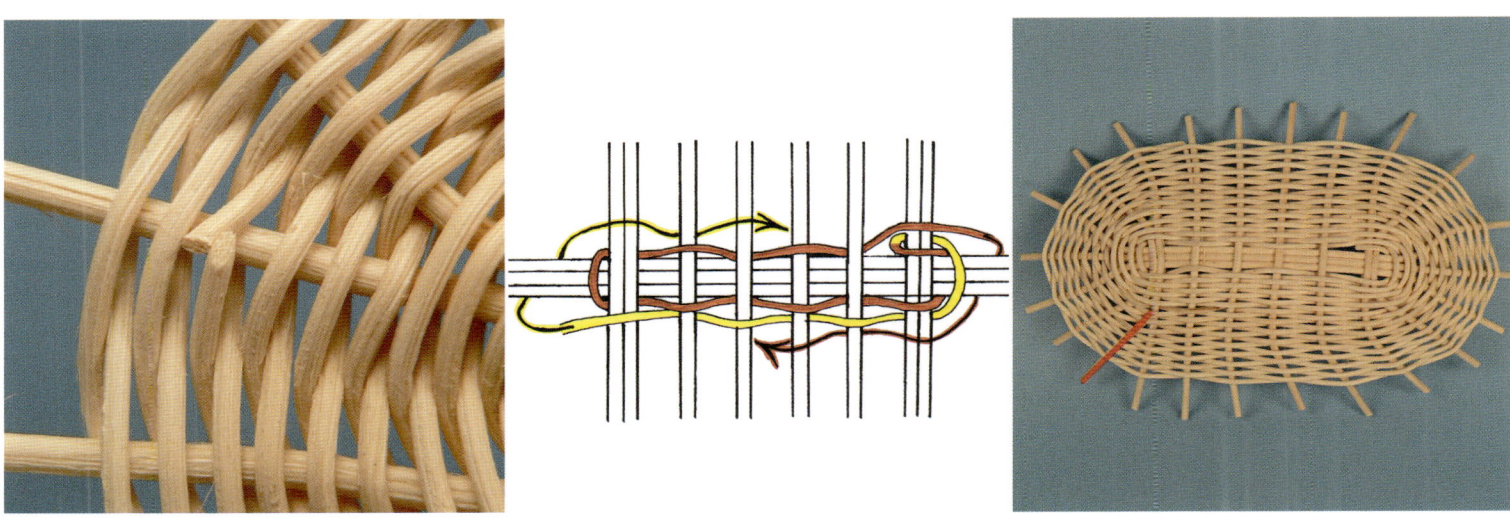

Wand

Veränderung der Stakenzahl

Flechten kann grundsätzlich als „Klemmtechnik" bezeichnet werden. D. h., die Fäden halten die Staken fest, klemmen sie ein. Um ein in sich stabiles Geflecht zu erhalten, muss das Verhältnis zwischen Stakenabstand, Stakenstärke und Fadenstärke ausgewogen sein. Bei den am häufigsten verwendeten 3 mm-Staken und 2 mm-Fäden soll der Abstand zwischen den einzelnen Staken nicht kleiner als 1,5 cm bzw. nicht größer als 4 cm sein. Bei Arbeiten mit 4 mm-Staken und 3 mm-Fäden soll dieser Abstand bestenfalls zwischen 3 cm und 6 cm liegen.

Soll nun das Geflecht in seiner Größe verändert werden, soll z. B. ein Korb am oberen Rand einen größeren Durchmesser erhalten als es der Boden erlauben würde, wird der Abstand zwischen den Staken zunächst durch Auseinanderdrücken allmählich vergrößert. Wird dabei der oben angegebene optimale Abstand zwischen den Staken überschritten, ist die Klemmwirkung nicht mehr gegeben, das Geflecht wird zu locker und sieht auch unschön aus. Abhilfe schaffen Sie, wenn Sie neben jede oder neben jede zweite Stake eine neue Stake zustecken, auseinander biegen und einzeln umflechten (Foto links).

Wenn der Durchmesser des Flechtwerkes verringert werden soll, das Geflecht also nach innen geht wie z. B. am Flaschenhals und der Abstand zwischen den Staken sehr eng wird (im Durchschnitt kleiner als 1,5 cm), geht das Flechten nicht mehr so leicht. Sie dürfen nicht einfach die überzähligen Staken herausschneiden, da sich das Geflecht an dieser Stelle auflösen könnte. Stattdessen führen Sie immer dieselben zwei Staken zu einer Stake zusammen. Nach etwa fünf gemeinsamen Runden wird eine der beiden Staken abgeschnitten.

Einstecken der Wandstaken in den geflochtenen Boden

Für die Wand und den Abschluss werden bei größeren Körben Staken in den Boden zugesteckt.

1 Die Bodenstaken müssen zunächst möglichst eng am Geflecht abgeschnitten werden. Andernfalls entsteht eine Lücke zwischen Wand und Boden. Um ein Auftrennen des bereits Geflochtenen zu vermeiden, werden nur eine bis drei Bodenstaken auf einmal abgeschnitten. Wenn Sie die Bodenstaken erst nach dem Hochbiegen der Wand abschneiden wollen, ist das auch richtig. Sie müssen die Wandstaken dabei gut wegbiegen.

2 Mit dem Vorstecher wird neben den Bodenstaken im Geflecht Platz geschaffen.

3 Dann werden eine bis zwei angespitzte oder schräg angeschnittene Wandstaken pro Bodenstake möglichst tief eingesteckt.

4 Ist zu Beginn der Flechtarbeit schon sicher, dass das Geflecht sich nach oben hin im Durchmesser vergrößern soll, so stecken Sie am besten rechts und links jeder Bodenstake je eine Wandstake ein.

5 Das entstandene Gebilde, die so genannte „Sonne", wird ausreichend gewässert (Sie können sie mit einem Gewicht beschwert im Wasser liegen lassen). Am Übergang von Boden und Wand muss die Spannung aus den Staken genommen werden. Dies erreichen Sie, indem Sie die Staken über das bestehende Geflecht biegen, die Staken eng am Geflecht mit einer Rundzange anknicken oder die Staken mit einer Ahle durchstechen.

6 Bevor Sie mit dem Flechten der Wand beginnen, werden die Staken oben zusammengebunden. Je näher dies am Boden erfolgt, desto stärker neigen sich die Staken nach innen und desto eher erhalten Sie eine Wand, die sich ebenfalls nach innen neigt. Binden Sie dagegen sehr weit oben ab, können die Staken nach außen gebogen und kann damit auch die Wand nach außen geneigt werden.

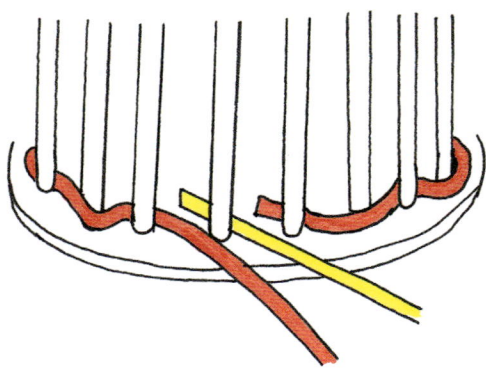

Einergeflecht

Das einfachste Geflecht ist das Einergeflecht. Es braucht eine ungerade Stakenanzahl und wird in der Regel mit einem Faden gefestigt. Die Fäden liegen parallel übereinander und verdrehen sich nicht miteinander.

1 Ein Faden beginnt innen und wird abwechselnd vor und hinter eine Stake gelegt.

2 Damit der Faden in der nächsten Runde versetzt läuft, braucht es die ungerade Stakenanzahl.

Bei einer geraden Stakenanzahl (z. B. bei einem runden oder ovalen Boden) können Sie das Einergeflecht mit zwei aufeinanderfolgenden Fäden ausführen (Skizze oben rechts). Dabei durchläuft der erste Faden (rot) eine Umdrehung bis fast wieder zum Ausgangspunkt. Der zweite Faden (gelb) beginnt im Stakenzwischenraum links vom ersten Faden, macht auch fast eine Umdrehung, überholt jedoch den ersten Faden (rot) nicht. Danach beginnt wieder der erste Faden (rot). Ein Beispiel ist die Blumenvase mit dem Bogenrand (Seite 67). Einfachste Muster erhalten Sie, wenn Sie verschiedenfarbige Peddigfäden verwenden. Sie können auch zwei, drei oder mehr Peddigfäden gleichzeitig übereinander legen.

Beispiele sind der Wäschekorb (Seite 91) und die Obstschale (Seite 87). Eine weitere Möglichkeit ist es, Peddigschienen, d.h. flache, breite Bänder aus Peddig zu verflechten (Seite 54). Diese gibt es in den Breiten 4 mm bis 10 mm.

Ein dem Dreiergeflecht sehr ähnliches Muster entsteht, wenn bei einer nicht durch drei teilbaren Stakenanzahl der Faden fortlaufend vor zwei Staken und hinter eine Stake gelegt wird (Fotos unten). Das Ergebnis, das so genannte Schummel-Dreiergeflecht, sehen Sie an der Blumenvase auf Seite 67.

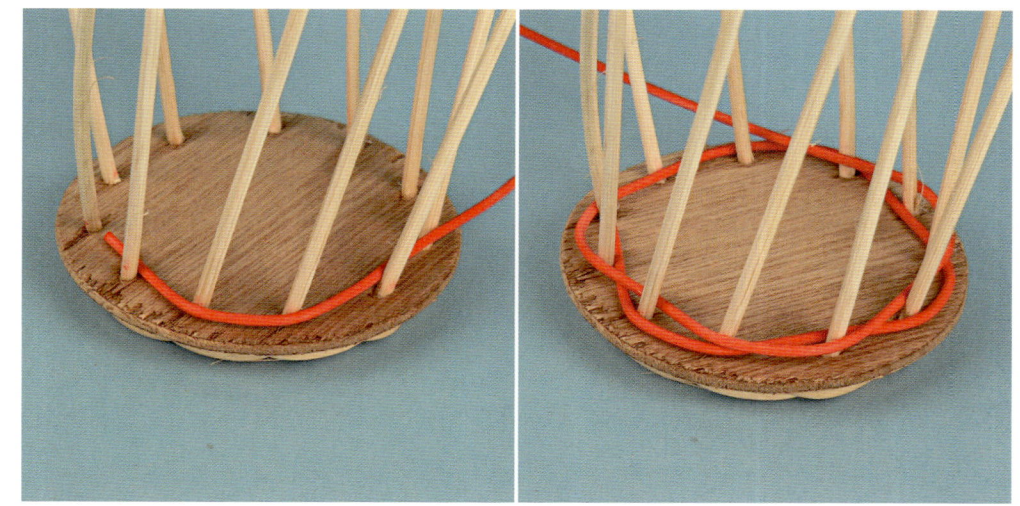

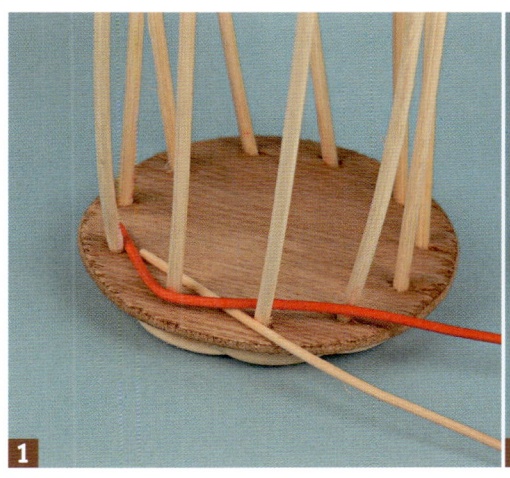

Wechsel des Flechtfadens. Der zweite Faden legt sich über den ersten Faden in Flechtrichtung nach vorne. Dann legt sich wieder der erste Faden über den zweiten Faden usw.

Im Zweiergeflecht hängt das Muster von der Stakenanzahl ab:

Beim Blockmuster entstehen vertikale Streifen, wenn Sie mit zwei verschiedenfarbigen Fäden und einer geraden Stakenanzahl arbeiten und die Farben sich übereinander wiederholen, wie Sie an der Rassel unten links sehen können.

Das Schachbrettmuster erhalten Sie, indem Sie ein Blockmuster beginnen und nach einigen Reihen die Farben austauschen. Das bedeutet, Sie setzen den braunen Faden an den weißen und den weißen Faden an den braunen an, wie am Beispiel des Apfelkorbes unten in der Mitte zu sehen.

Wenn die Stakenanzahl ungerade ist, verschieben sich die zwei Farben und es entsteht ein spiralförmiges oder meliertes Muster wie an dem Serviettenring unten rechts.

Zweiergeflecht

Ein Zweiergeflecht wird mit zwei Fäden geflochten, die sich immer in die gleiche Richtung miteinander verdrehen.

1 Sie werden in zwei benachbarte Stakenzwischenräume gelegt. Der erste Faden (rot) wird außen um die Stake über den zweiten Faden (weiß), innen um die nächste Stake und wieder nach außen gelegt.

2 Nun verläuft der weiße Faden außen um eine Stake, über den roten Faden nach innen um die nächste Stake und wieder nach außen. Danach wird wieder der rote Faden gelegt.

Beim Zweiergeflecht entsteht das gedrehte Geflecht dadurch, dass der Flechtfaden immer wieder gewechselt wird. Der Flechtrhythmus heißt „vor eins, hinter eins". Der erste Faden legt sich über den zweiten Faden in Flechtrichtung nach vorne. Dann erfolgt ein

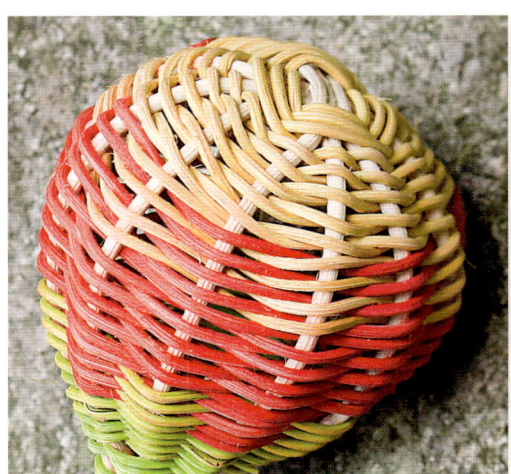

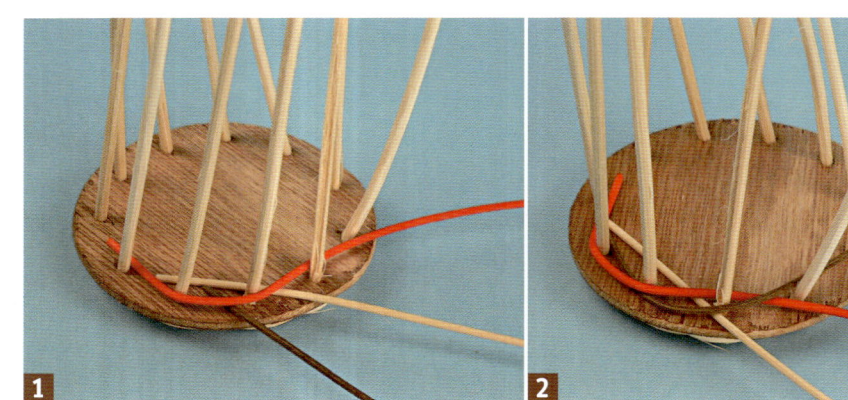 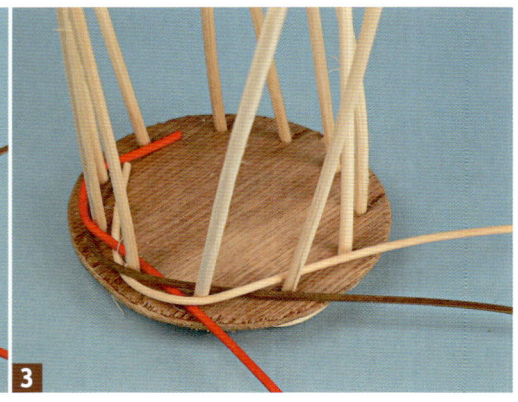

Dreiergeflecht

Das Dreiergeflecht ist ein sehr stabiles Geflecht mit drei Fäden. Es wird überall da eingesetzt, wo Staken einen besonders festen Halt brauchen, wie beispielsweise nach dem Hochbiegen dieser zu Beginn einer Wand oder als festen Ring vor dem Abschluss. Beim Dreiergeflecht sind die Staken außen nicht sichtbar.

1 Dazu werden drei Peddigfäden in drei benachbarte Stakenzwischenräumen von innen nach außen gelegt. Der am weitesten links liegende Faden (rot) beginnt und legt sich außen um zwei Staken, über die anderen beiden Fäden, nach innen um eine Stake und wieder nach außen.

2 Der nächste Faden (braun) geht auch über die zwei anderen Fäden, außen um zwei Staken, innen um eine und endet außen.

3 Auch der dritte Faden (weiß) überholt die Fadengruppe und setzt sich an deren Spitze. Danach ist wieder der rote Faden dran usw.

Diesen Arbeitsrhythmus nennt man „vor zwei, hinter eins". Man könnte auch sagen „Der Letzte wird der Erste sein".

Man kann das Dreiergeflecht auch als Muster einsetzen: Mit einer durch drei teilbaren Stakenanzahl ergeben sich vertikale Blockmuster. Bei einer nicht durch drei teilbaren Stakenanzahl verschieben sich

die Farben zu einem melierten oder spiralförmigen Muster, gut sichtbar am schiefen Übertopf.

Generell besteht auch die Möglichkeit, mit mehr als nur einem Faden gleichzeitig zu arbeiten.

Ein besonders anspruchsvolles Muster ist am Puppenwagen dargestellt. Hier wurde mit drei übereinandergelegten Fäden im Dreiergeflecht abwechselnd links- und rechtsherum gedreht geflochten.

Ansetzen von neuen Fäden

Der neue Faden wird immer so angesetzt, als ob der alte Faden weitergegangen wäre. Die Enden sollen etwas überstehen und werden von der Stake festgehalten.

Im Einergeflecht endet der Faden an einer Stake. An derselben Stake beginnt der neue Faden und kommt aus dem nächsten Zwischenraum hervor. Beide Fäden berühren sich an dieser Stake.

Bei den gedrehten Geflechten Zweier- und Dreiergeflecht muss beim Ansetzen von neuen Fäden die Drehung beachtet werden. Am einfachsten setzt man direkt den neuen Faden an den alten Faden an. Man legt den alten Faden nach innen hinter eine Stake und beginnt hinter dieser gleich mit dem neuen Faden, ohne zwischendurch einen anderen Faden zu bewegen. Wenn der alte Faden über dem zweiten Faden (oder beiden Fäden) endet, beginnt der neue Faden unter dem zweiten Faden (oder beiden Fäden).

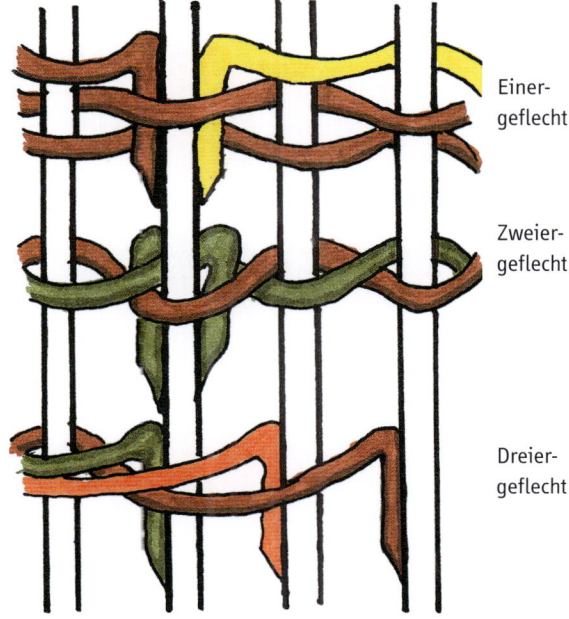

Einergeflecht

Zweiergeflecht

Dreiergeflecht

Fadenenden

Die Fadenenden legt man auf die Seite, die am wenigsten sichtbar ist. Das ist in der Regel am Boden unten und an der Wand innen. Beim Lampenschirm habe ich die Enden nach oben genommen und bei den Gläsern und Flaschen auch beim Boden nach innen.

Fadenenden werden so abgeschnitten, dass sie von der Stake noch festgehalten werden, 0,5 cm bis 1 cm sollen zur Sicherheit noch überstehen. Das Peddigrohr zieht sich beim Trocknen nicht zusammen, aber da es ein weiches Material ist, kann sich der Korb noch bewegen, und dabei dürfen die Fäden nicht von den Staken rutschen.

Man schneidet schräg ab, das heißt parallel zum Geflecht. Dabei liegt die längere Seite des Fadens an der Stake und die kürzere Seite steht nicht so stark

ins Korbinnere über. Sehen können Sie das an der Abbildung des runden Bodens auf Seite 15.

Tipp: Wenn Sie einen Faden zu kurz abgeschnitten haben, können Sie an der Stelle eine zusätzliche Stake oder auch zwei neben die Hauptstake stecken, um den Faden wieder festzuhalten.

Wenn am Ende der Wand, am Ende eines Bodens und vor einer Lücke keine neue Reihe die Fadenenden festhält, stecke ich diese zum Halten vor oder hinter eine Stake in das Geflecht ein, siehe Skizze oben und Seite 14, Foto 10 bis 12.

Ein Tipp für Fortgeschrittene: Der Korb sieht gleichmäßiger aus, wenn Sie Anfang und Ende der Wand übereinanderlegen und ihre Musterung jeweils dazwischen beginnen und enden lassen.

Das bedeutet, dass jede Änderung in Farbe oder Geflechtart über derselben Stake beginnt. Diese Stake können Sie sich mit einem Faden oder einem Punkt markieren. Wenn sich Farbe und Geflechtart nicht ändern, ist es egal, an welcher Stelle Sie die Fäden neu ansetzen.

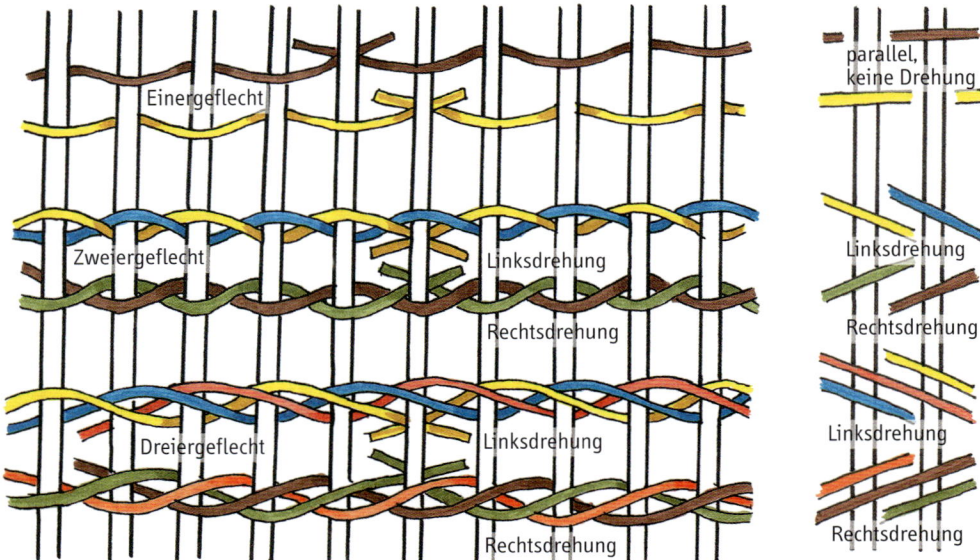

Einergeflecht

parallel,
keine Drehung

Zweiergeflecht

Linksdrehung

Linksdrehung

Rechtsdrehung

Rechtsdrehung

Dreiergeflecht

Linksdrehung

Linksdrehung

Rechtsdrehung

Rechtsdrehung

Rechts- und linksgedrehte Geflechte

Es gibt einen grundlegenden Unterschied zwischen
dem Einergeflecht einerseits und dem Zweier-/Dreier-
geflecht andererseits. Beim Einergeflecht liegen alle
Fäden übereinander, d. h., es ist ein paralleles Geflecht.
Beim Zweier- und Dreiergeflecht werden die Fäden
miteinander verdreht, d. h., es handelt sich um ein
gedrehtes Geflecht. Je nach Fertigung entstehen rechts-
oder linksgedrehte Geflechte, die stabiler sind als das
Einergeflecht.

Rechts- und linksgedrehte Geflechte können auch
direkt übereinandergesetzt werden, siehe Foto rechts.
Diese Art zu flechten ist besonders stabil. Am Griff
der Kiste von Seite 83 ergibt sich durch das Hin- und
Herflechten und den dadurch bedingten Wechsel der
Flechtrichtung eine besondere Musterung.

Rechtsdrehung

Die Rechtsdrehung ist die im Flechten gängige Form,
die bisher im Buch beschrieben wurde. Als Muster
ergibt sich in der Vorderansicht des Flechtwerkes ein

Fadenverlauf von links unten nach rechts oben. Der
neu zu legende Faden wird über den anderen Faden
beim Zweiergeflecht bzw. über die anderen Fäden
beim Dreiergeflecht geführt. In der Regel ist das
rechtsgedrehte Geflecht für Rechtshänder einfacher zu
handhaben.

Linksdrehung

Das linksgedrehte Geflecht wird in der Regel von
Linkshändern bevorzugt. Generell wird es von linkshändig stärkeren Menschen als einfacher empfunden,
die Flechtrichtung nach links anzuwenden. D. h., die
Fäden gehen vor dem Korb nach links weg und nicht
nach rechts. Damit ist automatisch die linke Hand die
aktive Hand und legt den Faden zwischen die Staken,
während die rechte Hand den Korb festhält und die
Staken richtet.

Die Linksdrehung kann auch erreicht werden, indem
der Faden nicht über, sondern unter dem zweiten Faden im Zweiergeflecht bzw. unter den beiden anderen

Fäden im Dreiergeflecht in Flechtrichtung nach rechts
geführt wird. Als Muster ergibt sich in der Vorderansicht des Flechtwerkes ein **Fadenverlauf von links
oben nach rechts unten**. Bei dieser Fertigung liegen
die Fäden vor dem Korb nach rechts. Die Schwierig-
keit dabei ist, dass der bereits gelegte Faden wieder
hochgehoben werden muss, um den anderen Faden
darunter hindurchzuführen. Dadurch ergeben sich in
der Praxis oft Lücken im Geflecht.

Wenn Menschen in meinen Kursen versuchen, hinter
dem Korb und damit linksherum zu flechten, habe ich
mit großer Sicherheit Linkshänder vor mir. Die Schwie-
rigkeit bei dieser Fertigung ist, dass die Staken in die
Augen gelangen können, und dass sie um den Korb
herum greifen müssen. Von meinen Schülern weiß ich
jedoch, dass sie auch als Rechtshänder die linksgedrehten Geflechtarten nach ein bis zwei Runden „im
Griff" haben. Das Umlernen erfolgt sehr schnell durch
die ständige Wiederholung der Arbeitsschritte. Was
hier kompliziert erklärt werden muss, ist in der Praxis
einfach erlernt („einfach anders herum").

Tipp: Sie machen sich das Flechten leichter, wenn Sie
für das Zweier- und Dreiergeflecht kürzere Fäden verwenden oder Fäden teilen und lieber öfter ansetzen.
Diese Geflechte müssen hinten immer wieder entfitzt
werden. Der Spruch „langes Fädchen, faules Mädchen
– kurzes Fädchen, fleißiges Mädchen" gilt auch hier.

Durchbrochenes Geflecht (Lücke)

Einfaches durchbrochenes Geflecht

Wenn Sie schnell an Höhe gewinnen wollen oder um einen besonderen Akzent zu setzen, können Sie eine Lücke im Geflecht lassen, wie bei der Flasche auf Seite 85 zu sehen.

Es ist sinnvoll, nach der Lücke mit dem Zweiergeflecht weiterzuarbeiten, da dessen Drehung zusätzliche Festigkeit bietet. Damit Sie den Neubeginn in einheitlicher Höhe ansetzen können, werden die Staken z. B. mit einem Strich markiert.

Tipp: Ich hefte Wäscheklammern an die Staken, um die Höhe zu halten. Nach den ersten zwei oder drei Runden können Sie die Höhe des oberen Geflechtes durch Nachdrücken auch noch verändern.

Bei größeren Abständen stecken Sie neben jede Hauptstake zur Verstärkung eine Hilfsstake unten ins Geflecht und umflechten sie zusammen mit dieser Hauptstake.

Durchbrochenes Geflecht mit gekreuzten Staken

Das durchbrochene Geflecht kann auch mit gekreuzten Staken gearbeitet werden. Dazu werden die angespitzten Hilfsstaken links neben der Hauptstake mindestens 5 cm tief ins Geflecht eingesteckt. Dann die langen Hauptstaken nach rechts und die kurzen Hilfsstaken nach links biegen, so dass sie sich überkreuzen (siehe Weinkorb auf Seite 92). Wo sie anschließend oben wieder zusammentreffen, werden die beiden Staken mit einer Wäscheklammer zeitweilig zusammengehalten. Direkt über den Wäscheklammern wird das Flechten im Zweiergeflecht fortgesetzt. Nach ein bis zwei Runden können die Klammern gelöst werden.

Tipp: Die Wäscheklammern werden über dem Punkt angeklemmt, an dem die Staken zu Beginn der Lücke auseinander gebogen wurden. Dadurch werden die Kreuze gleichmäßig.

Sie können auch die Hauptstaken gerade stehenlassen, jeweils rechts und links eine Hilfsstake zustecken und diese nach rechts und links zur nächsten Hauptstake biegen. So erhalten Sie das Muster am Brotkorb von Seite 79.

Soll ein Flechtwerk mehrere Durchbrüche erhalten, können die beschriebenen Vorgänge beliebig oft wiederholt werden, ohne jedoch zwischendurch die Hilfsstaken zu entfernen. Die Lücken mit oder ohne gekreuzte Staken können auch miteinander kombiniert werden.

Tipp: Die Hilfsstaken schneide ich eine Runde vor Beendigung des Geflechtes heraus. Die letzte Geflechtrunde lässt die Stakenenden im Geflecht verschwinden. So behindern sie den Randabschluss nicht.

Füllhörner

Füllhörner stelle ich in der praktischen Ausbildung der Ergotherapeuten relativ weit an den Anfang, da dabei speziell die Stakenführung, das heißt das Biegen der Staken in die gewünschte Richtung geübt und trainiert wird. Die Füllhörner werden im Einergeflecht gefertigt, deshalb ist für jeden Arbeitsschritt eine ungerade Anzahl an Staken oder Stakenbündel die Voraussetzung.

1 Elf Staken mit einer Hand zusammenhalten. Ein Fadenende mit mindestens 5 cm Länge wird auch mit gehalten und anschließend eingebunden. Der Daumen drückt fest auf den Faden, damit er sich nicht verschiebt. Nach der ersten Runde (bitte gut festziehen) hält der Faden sich selbst und das Stakenbündel fest.

2 Sie wickeln den Faden einige Male fest um das Bündel, wie oft ist nicht festgelegt. Sollte der Faden dabei anbrechen, tauschen sie ihn besser aus.

3 Sie biegen das Elferbündel gut auseinander und teilen die gut geweichten Staken in drei neue Bündel mit vier, drei und vier Staken. Diese neuen Bündel müssen Sie extrem, d. h. etwa 180 Grad in die drei neuen Richtungen überbiegen. Wenn bei dieser Behandlung die Staken anbrechen, halten sie sich gegenseitig und müssen nicht ausgetauscht werden.

In die Zwischenräume schieben Sie so weit es geht den Faden nach unten ein und führen ihn abwechselnd vor und hinter den drei Stakenbündeln durch. Wenn Ihr Daumen bequem zwischen den Stakenbündeln durchpasst, ist es Zeit für Schritt 4.

4 Biegen Sie die beiden Vierergruppen in je zwei Zweiergruppen auf. Mit diesen fünf Stakenbündeln

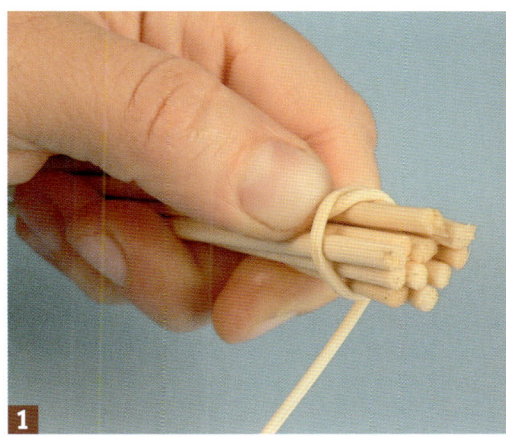

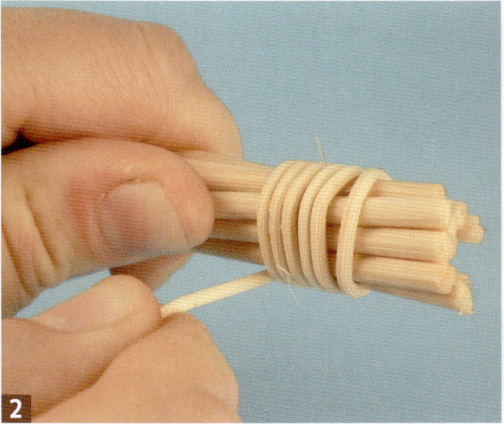

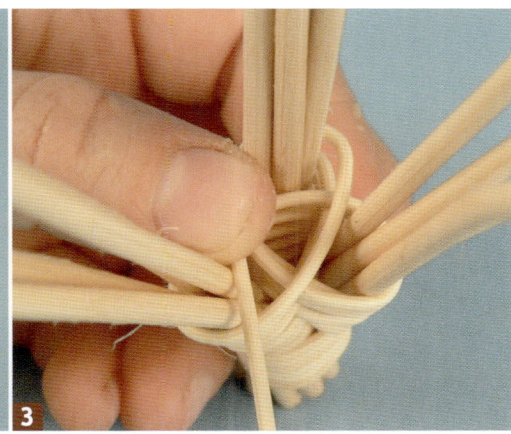

flechten Sie weiter, bis der Abstand aller Stakenbündel wieder bei etwa 2 cm oder Daumenstärke liegt.

5 Nun wird die Gruppe mit den drei Staken auf einmal aufgeteilt. Dabei legen Sie den Faden im Slalom um die einzelnen Staken herum. Der Faden soll die Staken nicht aus ihrer Kreisbahn werfen. Nach einigen weiteren Runden werden beginnend bei den drei einzelnen Staken im nächsten Schritt alle doppelten Staken einzeln aufgebogen und umflochten.

6 Bisher war unser Horn ein Trichter, das heißt, gerade geformt. Jetzt biegen Sie das Horn erstmalig

sehr stark, mindestens so stark, wie auf dem Foto zu sehen. Wichtig dabei ist, dass sie die Staken nicht nur an deren Ende, sondern bis in das Geflecht hinein überbiegen. Zur Fertigstellung muss nun ein Keil gesetzt werden, siehe Seite 26.

Die Staken sind störrisch. Sie haben ihren eigenen Willen. Meistens wollen sie genauso weiter, wie sie bisher gerichtet waren. Dem muss der Flechter etwas Kraft entgegensetzen. Diesen Vorgang wiederholen Sie bei der Fertigung des Füllhornes immer und immer wieder.

Ein Tipp für die Perfektionisten unter uns: Sie werden es nicht schaffen, Füllhorner ganz ohne eine Lücke zu fertigen. Auf dieses Detail wird später nie wieder jemand achten – außer Ihnen, wenn Sie sich damit das Leben schwer machen wollten. Das optische Hauptaugenmerk liegt in der Mitte eines Geflechtes und nicht an seinem Rand. Es ist noch kein Meister vom Himmel gefallen und eine Berufsausbildung zum Korbflechter dauert drei Jahre!

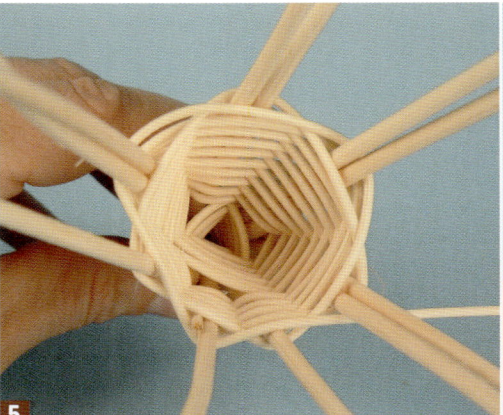

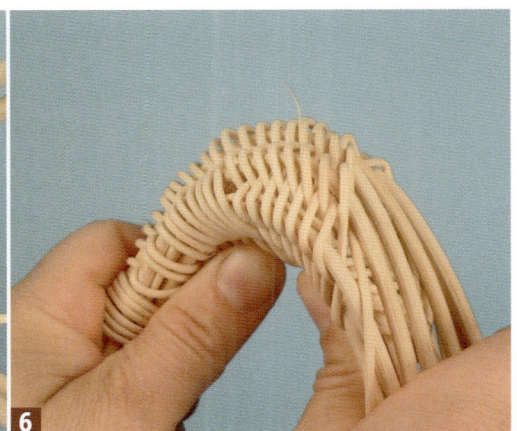

Keil setzen

Beim Keilsetzen wird durch Hin- und Herflechten zusätzliches Material an einer Stelle des Flechtwerkes eingebracht. Dies wird speziell in Füllhörnern und Puppenwagen eingesetzt. Es kann auch ein Keil gesetzt werden, um aus einem runden Boden einen eckigen Boden oder aus einem runden Korb einen eckigen Korb zu gestalten. Ein Beispiel finden sie auf Seite 83 an dem braunen Korb mit grünen und orangefarbenen Keilen. Die geplanten Ecken wurden mit Keilen ausgeflochten.

Grundsätzlich erfolgt das Keilsetzen als Einergeflecht. Der Faden geht abwechselnd nach rechts und links. Am Beispiel des Füllhorns werden die erforderlichen Arbeitsschritte aufgezeigt.

1 Markieren Sie sich eine Ausgangsstake, die Sie als Mittellinie des einzusetzenden Keils gewählt haben. An dieser Stelle wird das Geflecht am stärksten nach oben wachsen. Legen Sie gegenüber dieser Ausgangsstake eine zweite Stake fest, die nicht umflochten wird. Sie wird später als Umkehrpunkt Ihrer Flechtarbeit dienen. Legen Sie nun den Faden, mit dem der Keil geflochten werden soll, von hinten an die Stake links der Ausgangsstake an und führen ihn außen an der Ausgangsstake vorbei, nach innen hinter die rechts davon liegende Stake und dann um diese herum zurück.

2 Nun flechten Sie nach links bis zur Ausgangsstake, um diese herum und wieder zurück nach rechts. In jeder Flechtreihe wird beim Wenden in die andere Richtung um eine weitere Stake ergänzt, so dass sich der Keil so lange Reihe um Reihe verbreitert, bis Sie an der gegenüberliegenden ausgewählten Stake (Umkehrpunkt) angekommen sind.

3 Von hier an flechten Sie unter Ausschluss jeweils einer Stake am Reihenende wieder zum Ausgangspunkt des Keils zurück.

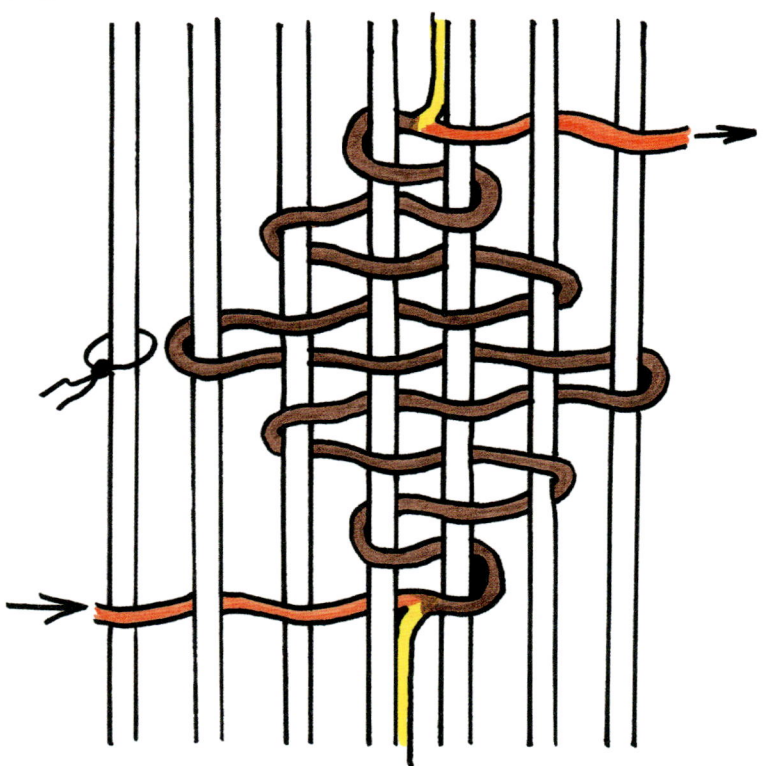

Längenberechnung für Wandstaken

Die folgende Berechnung gilt für die im Buch beschriebene Variante, dass erst der Boden gefertigt wird und dann die Wandstaken zugesteckt werden.

Um die Länge der Wandstaken abschätzen zu können, addieren Sie

1. die Verbindung mit dem Boden.
Beim selbst geflochtenen Boden nimmt man ein Drittel des Bodendurchmessers als Maximalwert, wie tief die Wandstaken in den Boden eingesteckt werden können. Beim Holzboden für das einfache Füßchen (Kipprand über zwei) dreimal den Lochabstand (ca. 6 cm) und für den überdeckten Holzboden achtmal den Lochabstand (ca. 16 cm).

+ 2. die geplante Wandhöhe

+ 3. eine Sicherheitszugabe von 5 cm bis 10 cm je nach Größe des Korbes

+ 4. den Randabschluss

Wenn Sie den genauen Abstand der Staken kennen, können Sie mit diesem Wert rechnen. Wenn Sie ihn nicht kennen, rechnen sie mit dem Maximalwert für den Stakenabstand von 4 cm (3 mm-Staken) bzw. 6 cm (4 mm-Staken).

Der einfachste Randabschluss ist der Bogenrand oder Blümchenrand. Er lässt sich auch mit sehr kurzen Stakenenden fertigen. Bei den Flechträndern ist für diese Rechnung egal, ob sie innen oder außen enden. Bei den Zusatzrändern können Sie die Maße von den Kipprändern nehmen und dazu addieren.

Für die anderen Randabschlüsse rechnen Sie mit folgenden Maßangaben:

*Maßangaben mit Stern gelten für eine Stakenstärke von 4 mm/für einen maximalen Stakenabstand von 6 cm

- ◆ 2 Stakenzwischenräume (8 cm/12* cm): Kipprand über zwei (einfaches Füßchen)

- ◆ 3 Stakenzwischenräume (12 cm/18* cm): Kipprand über drei und Flechtrand hinter eins vor eins

- ◆ 4 Stakenzwischenräume (16 cm/24* cm): Kipprand über vier und Flechtrand hinter eins vor zwei

- ◆ 5 Stakenzwischenräume (20 cm/30* cm): Kipprand über fünf, Flechtrand hinter eins vor eins mit Zusatzfaden (Zweierzuschlag) und Flechtrand hinter eins vor drei

- ◆ 6 Stakenzwischenräume (24 cm/36* cm): Flechtrand hinter zwei vor drei

- ◆ 7 Stakenzwischenräume (28 cm/42* cm): Flechtrand hinter eins vor zwei mit Zusatzfaden (Dreierzuschlag)

- ◆ 8 Stakenzwischenräume (32 cm/48* cm): Zopfrand

Die Idee, erst den Boden zu fertigen und dann die Wandstaken in den Boden einzustecken, kommt aus der Weidenflechterei. Bei den unten dicken und oben dünnen Weiden geht es kaum anders. Beim gleichmäßig dicken Peddigrohr entscheiden Vorlieben und Grad der Geschicklichkeit über die Wahl der Methode. Sie entscheiden also, ob Sie erst den Boden fertigen und dann die Wandstaken einstecken oder ob Sie bei kleineren Körben mit kürzeren Randabschlüssen Boden- und Wandstake aus einer Stake fertigen. Dabei addieren Sie den Bodendurchmesser, zweimal die Wandhöhe, zweimal den Randabschluss und eine Sicherheitszugabe von 10 cm bis 20 cm je nach Größe des Korbes.

Ein Stakenkreuz von bis zu 65 cm Durchmesser kann für die Bodenfertigung gerade noch sinnvoll bewegt werden. Bei größeren Körben oder längeren Randabschlüssen geht das nicht mehr, da der Boden dann einen Strahlenkreis um sich aufbaut, der mit gestreckten Armen in einigem Abstand zum Körper gehalten werden muss. Wenn dieser Strahlenkreis noch wesentlich größer wird, spätestens ab 85 cm, reicht die normale Armlänge nicht mehr aus. Außerdem dauert das Flechten eines unhandlichen Bodens viel länger als das Abschneiden der Bodenstaken und extra Zustecken der Wandstaken.

So käme der Eubikopf-Übertopf von Seite 62 mit einem Bodendurchmesser von 15 cm, einer Höhe von 12 cm und dem Flechtrand hinter eins vor eins mit Zusatzfaden auf ein Stakenkreuz von 89 cm bis 99 cm. Dies wäre mit der Armlänge einer mittelgroßen Person nur schwer zu bewältigen. Daher wird erst der Boden geflochten und dann werden die Wandstaken zugesteckt. Bei der großen Obstschale auf Seite 87 und bei dem Deckel vom Wäschekorb auf Seite 91 wurden größere Stakenkreuze verwendet, weil bei diesen Körben der Boden nach oben gedreht wurde (normale Böden stehen auf dem Außenrand, diese Schalen stehen auf der Spitze, damit bestand die Gefahr des Herausrutschens der Wandstaken).

Randabschlüsse

Hat der Korb seine geplante Höhe erreicht, können die Enden nicht einfach abgeschnitten werden, da sich der Korb sonst auflösen würde. Für die Befestigung der oberen Fäden werden aus den Wandstaken Ränder gefertigt. Diese können sehr unterschiedlich aussehen, sollten aber gleichmäßig gearbeitet sein. Letzteres bedeutet, dass jede Stake den gleichen Weg zurücklegt. Bei allen geflochtenen Rändern entsteht ein geschlossener Ring, in dem eine Stake die andere hält.

Vor dem Abschluss müssen die Staken der Korbwand nochmals gut eingeweicht und danach am beabsichtigten Biegepunkt angeknickt werden. Wenn eine Stake beim Randflechten abbricht, wird sie ausgetauscht.

Es wäre denkbar, dass Sie auch alle Staken austauschen können, wenn Sie z. B. einen andersfarbigen Rand wünschen. Bitte beachten Sie dabei, dass dieser

Korb dann weniger belastbar ist, da die Gefahr besteht, dass sich Wand und Rand auseinander ziehen lassen. An einen solchen Rand sollen in der Regel keine Griffe und Henkel angebracht werden. Wenn doch, führen Sie die Belegung unter den letzten Reihen des Geflechtes durch.

Erklärt werden die Ränder mit zunehmendem Schwierigkeitsgrad.

Tipp: Wenn Sie unten am Boden abwechselnd eine weiße und eine braune Stake einstecken, erhalten Sie oben einen weiß-braun gemusterten Randabschluss. Dies kann sehr hübsch aussehen. Probieren Sie es aus!

Bogenränder

Der Bogenrand ist der einfachste Randabschluss. Die Staken werden auf gleicher Länge schräg abgeschnitten. Je länger Sie den Überstand belassen, desto größere Bögen können Sie gestalten. Bei kleineren Körben ermöglichen die Bögen einen zusätzlichen Höhenzuwachs.

Die jeweilige Stake wird herumgebogen und vor die nächste oder übernächste etc. Stake ins Geflecht eingesteckt. Zum Einstecken wird die entsprechende Lücke mit dem Vorstecher erweitert. Die Höhe der Bögen bestimmen Sie dadurch, wie tief Sie das Stakenende ins Geflecht drücken. Im braunen Herzkorb auf Seite 55 sind die Bögen ganz flach auf das Geflecht gelegt. Diese Möglichkeit haben Sie speziell, wenn Ihre Stakenenden ganz kurz geraten sind (manchmal werden die Körbe eben höher als geplant ...).

Tipp: Zum Schneiden der Staken auf gleiche Länge können Sie ein Hölzchen eben dieser Länge benutzen und an die Staken halten.

Um richtig zu halten, sollten die Bogenränder mindestens genauso tief eingesteckt werden, wie der Abstand zwischen den Staken oben am Korb ist, mindestens aber 4 cm.

Wenn sich ein Bogenrand einmal auftrennt, kann er angefeuchtet und wieder an seinen Platz zurückgesteckt werden.

Kippränder

Kippränder sind einfach zu flechtende Ränder, die sich je nach Geschmack variabel gestalten lassen. Sie wachsen in die Höhe.

Das Merkmal der Kippränder ist, dass die Staken abwechselnd vor und hinter den nächsten Staken herumgeführt werden. Dabei werden sie wie sonst die Fäden im Einergeflecht gearbeitet. Je nach Länge der Stakenenden können von zwei bis zu fünf (oder mehr) nachfolgenden Staken umflochten werden. Entsprechend erhalten Sie Kippränder, die in der Fachsprache als „Kipprand über zwei" oder „Kipprand über fünf" bezeichnet werden.

Wichtig für das Arbeiten dieser Ränder ist, dass die Staken angeknickt werden. Das Anknicken erfolgt in einer Entfernung zum Geflecht, die dem Stakendurchmesser multipliziert mit der Anzahl der zu umflechtenden Staken entspricht. Also bei zwei zu umflechtenden Staken dem zweifachen Stakendurchmesser, bei drei zu umflechtenden Staken dem dreifachen Durchmesser etc.

Das Flechten erfolgt vom Knickpunkt aus, d. h. von oben schräg nach unten, so dass das Stakenende auf dem Fadengeflecht zu liegen kommt. Die Anfangsstake soll genügend Platz für den Schluss lassen. Dadurch entsteht eine keilförmige Lücke, unter die die letzten Staken eingesteckt werden können. Die nächste Stake wird parallel zur vorangegangenen Stake über diese gelegt.

Beim Beenden der Kippränder ist der häufigste Fehler, dass die letzten Staken über die erste Stake geführt werden. Richtig ist, sie **unter die erste** Stake zu stecken und **über die vorangegangenen** Staken. Der begonnene Flechtrhythmus wird auch bei den letzten Staken beibehalten.

Die Kippränder mit ungerader Stakenanzahl beginnen nach innen, die Kippränder mit gerader Stakenanzahl beginnen nach außen.

Kippränder können nach rechts oder nach links gefertigt werden. Zur Veranschaulichung eines linkshändigen Randabschlusses wurde beim rosa Herzkorb auf Seite 57 der Kipprand über vier nach links gelegt.

Kipprand über zwei

Der einfachste Kipprand über zwei ist am Scoubidoukorb auf Seite 56 gefertigt. Er wurde unter der Bezeichnung „einfaches Füßchen" schon als Verbindung der Staken mit dem Holzboden auf Seite 11 erklärt.

Als Variationen können Sie z. B. pro Stake eine Hilfsstake zustecken und den Kipprand mit zwei übereinandergelegten Staken arbeiten. Oder Sie führen die Staken nicht vor einer und hinter einer Stake, sondern vor zwei und hinter einer Stake. Diese Technik führt zu weiteren, unterschiedlichen Randabschlüssen.

Kipprand über drei

Beim Kipprand über drei ist der Flechtrhythmus „innen – außen – innen" oder „hinter eins – vor eins – hinter eins". Jede Stake legt sich über die vorangegangene und die letzte unter die erste.

Eine einfache Erklärung für den Stakenverlauf wäre „innen – außen – innen" und „oben – Mitte – unten".

1 Die erste Stake (weiß) lässt eine kleine Lücke und legt sich in Flechtrichtung nach rechts hinter die nächste Stake (orange) nach innen, vor die übernächste (blau) nach außen und endet innen an der dritten Stake (rot). Die zweite Stake (orange) legt sich über die erste Stake, geht hinter die nächste Stake (blau) nach innen, vor die übernächste Stake (rot) nach außen und endet innen an der dritten Stake (grün). Die dritte Stake (blau) legt sich über die zweite Stake (gelb) und geht hinter der nächsten Stake (rot) nach innen, vor der übernächsten Stake (grün) nach außen und endet innen an der dritten Stake (gelb).

2 Für den Abschluss dieses Kipprandes endet die drittletzte Stake (gelb) innen an der ersten Stake (weiß). Wenn sie nicht hält, kann die erste Stake (weiß) etwas nach oben nachgezogen werden. Die vorletzte Stake (grün) legt sich über die drittletzte Stake (gelb) und geht innen an der letzten Stake (rot)

vorbei nach außen an der ersten Stake (weiß) vorbei und wird unter der ersten Stake (weiß) zurück nach innen geführt, wo sie innen an der zweiten Stake (orange) endet.

3 Die letzte Stake (rot) legt sich über die vorletzte Stake (grün) und wird innen an der ersten Stake (weiß) vorbei und danach unter diese erste weiße Stake hindurch nach außen geführt, bleibt jedoch über der vorletzten grünen Stake. Am Schluss wird die letzte Stake (rot) **unter** der ersten weißen Stake nach innen gesteckt und endet innen an der dritten Stake (blau).

1   **2**   **3**

Kipprand über vier

Beim Kipprand über vier ist der Flechtrhythmus „außen – innen – außen – innen" oder „vor eins – hinter eins – vor eins – hinter eins". Das bedeutet, jede einzelne Stake wird außen um die nächste (zweite) Stake, innen um die übernächste (dritte) Stake, danach außen um die vierte Stake gelegt und endet innen unten an der fünften Stake.

Beim Abschluss des Kipprandes legen sich alle Staken über die vorherige Stake, jedoch unter die erste Stake.

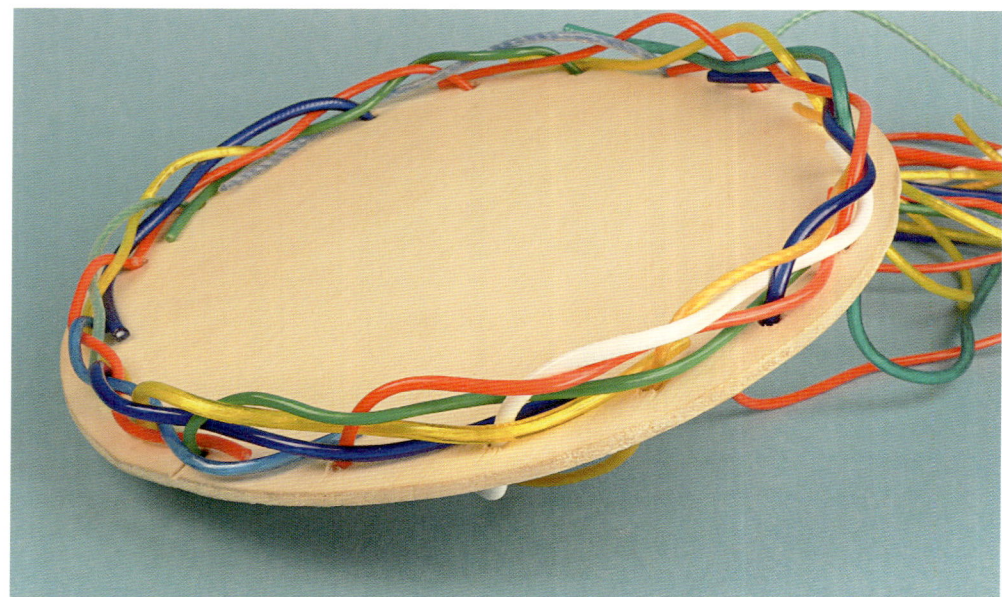

Kipprand über fünf

Der Kipprand über fünf hat den Flechtrhythmus „innen – außen – innen – außen – innen" oder „hinter eins – vor eins – hinter eins – vor eins – hinter eins".

Er beginnt wie der Kipprand über drei, wird dann aber zwei Schritte weitergeführt. Sie knicken die Staken auf Höhe des fünffachen Stakendurchmessers an und flechten sie wie gehabt von oben nach unten.

Gezeigt wird dieser Kipprand an der violetten Dose und ihrem Füllhorndeckel auf Seite 81, rechts in noch ungefärbtem Zustand abgebildet.

Flechtränder

Der Unterschied zwischen Flecht- und Kipprändern liegt in ihrer Neigung. Flechtränder wachsen in die Breite und neigen sich dabei gegen die Richtung des Geflechts, während sich Kippränder in Verlängerung des Geflechts in die Höhe entwickeln.

Sie enden innen, wenn Sie den Abschluss in mehreren Schritten fertigen, was speziell für Kinder und Anfänger geeignet ist. Das Einstecken nach innen ist so leichter. Nach außen enden Sie, wenn Sie als fortgeschrittener Flechter beide Arbeitsschritte in einer Runde fertigen. Dabei sollten Sie die Strukturen der Abschlüsse schon kennen und erkennen. Die Reihenfolge der Flechtränder folgt einem steigenden Schwierigkeitsgrad und baut aufeinander auf.

Die Bezeichnungen der Ränder entsprechen den Bezeichnungen der Korbflechter über den Stakenverlauf. „Hinter eins vor eins" heißt, dass jede Stake hinter der nächsten Stake und vor der übernächsten verläuft. „Hinter zwei vor drei" heißt, dass jede Stake hinter den zwei nächsten und vor den drei darauffolgenden Staken verläuft. Die Bezeichnungen für diese Ränder sind in jedem Landstrich und in jeder Flechtschule andere, so dass ich die verschiedenen Benennungen teilweise ganz weggelassen habe.

Tipp: Zu Beginn aller Flecht- und Zopfränder müssen Sie die ersten Staken in leichten Bögen führen und eine kleine Lücke lassen, so dass die letzten Staken an dieser Stelle besser durchpassen. Die Größe der ersten Bögen ist eine Erfahrungssache, die mit der Zeit von selbst kommt. Wer dafür ein Maß möchte, nimmt die Breite des jeweiligen Randes für die ersten Bögen oder steckt einen Stift unter die ersten Bögen.

Flechtrand hinter eins vor eins (Ende innen)

Der Flechtrand hinter eins vor eins wird auch **Einerzuschlag** genannt. Mit dem Ende nach innen sehen Sie ihn auf dem Foto ganz links auf Seite 33.

1 Für diesen einfachsten der Flechtränder biegen Sie eine Runde alle Staken hinter die nächste Stake nach rechts und kommen vor der übernächsten Stake nach außen.

2 Die vorletzte Stake schlägt an der ersten Stake an, die letzte Stake kommt unter der ersten nach außen.

3 Wenn alle Staken wie Igelstacheln nach außen stehen, werden sie jeweils **über die nächste Stake** und **unter der übernächsten Stake** im folgenden Zwischenraum wieder nach innen gesteckt.

Wenn man die Staken **unter** die nächste Stake im folgenden Zwischenraum nach innen steckt, erhält man den Kipprand über drei, was auch nicht falsch ist, nur ein anderer Rand. Falsch wäre nur, beide Varianten des Einsteckens in einem Randabschluss zu mischen.

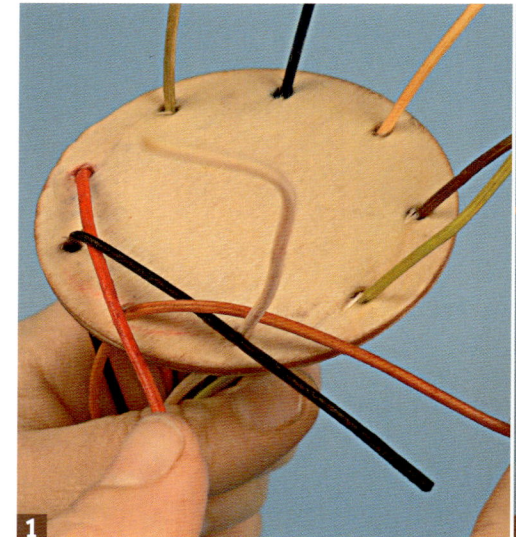

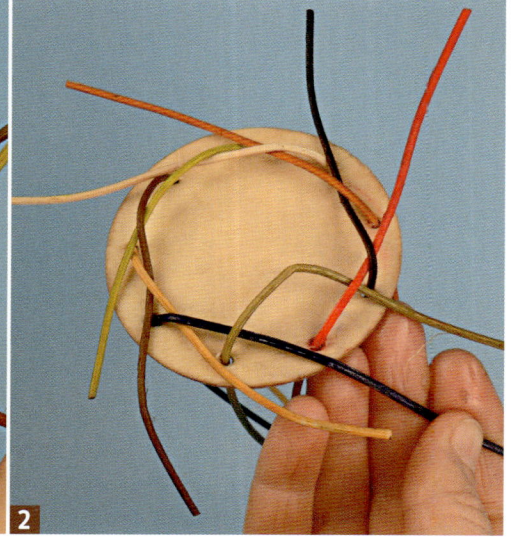

4 Kinder verstehen diesen Rand sehr gut, wenn sie ihn anhand der Geschichte von Sonne und Mond erklärt bekommen. Die Sonne schickt am Tage (im ersten Schritt) ihre Strahlen nach außen. Danach kommt der Mond in der Nacht, der am Außenrand entsteht, wenn Sie die Strahlen nach innen schieben.

Gezeigt wird dieser einfachste Flechtrand am Beispiel des Blumenübertopfes mit braunen Holzperlen auf Seite 65.

Wenn Sie diesen Rand begriffen haben, ist der Rand vor eins hinter zwei (Ende innen) auf Seite 37 für Sie auch kein Problem mehr. Sie müssen dann lediglich die außen liegenden Staken einen Zwischenraum weiter hinten (rechts) einstecken.

Flechtrand hinter eins vor eins (Ende außen)

Dieser Flechtrand sieht ähnlich aus wie der auf Seite 34 erklärte Rand. Er unterscheidet sich nur dadurch, dass die Stakenenden außen liegen, ein Beispiel sehen Sie auf Seite 33 unten rechts. Er kann in zwei Schritten, aber auch in einem Schritt gefertigt werden. Das spart Zeit.

Es gibt einen Innenkreis und einen Mittelkreis. Die stehenden Staken bilden nach dem Herunterlegen im ersten Schritt den Innenkreis und im zweiten Schritt den Mittelkreis (bzw. den Außenkreis, falls der Rand damit endet). Diese beiden Kreise sollten nicht vertauscht werden (dies ist ein häufiger Fehler). Der Innenkreis darf nicht innen „überholt" oder umrundet werden.

1 Sie beginnen, indem Sie die erste weiße und danach die zweite rote Stake erst nach innen hinter die jeweils nächste und vor der übernächsten Stake wieder nach außen legen. Diese Position ist für beide Staken der Innenkreis. Danach beginnt die erste weiße Stake als ihren zweiten Schritt den Mittelkreis. Sie legt sich außen um die dritte grüne, innen um die vierte gelbe und kommt vor der fünften dunkelblauen Stake wieder nach außen. Die dritte grüne legt sich auf der Innenposition neben die schon liegende erste weiße Stake. Der sich ständig wiederholende Merksatz zu diesem Abschnitt ist „außen herum, nach innen und nach außen und nimmt die letzte stehende (= übernächste) Stake mit".

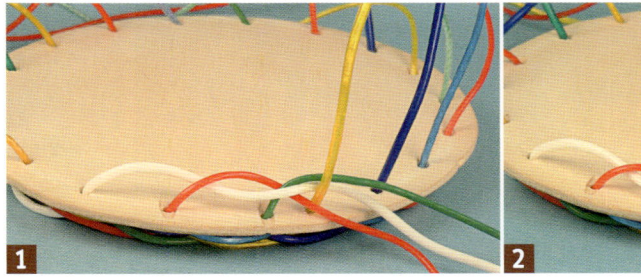
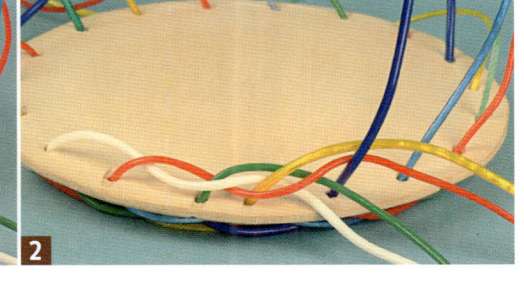

Mir ist dabei wichtig, dass **erst** die erste weiße Stake den zweiten Schritt auf dem Mittelkreis macht und **danach** die dritte grüne Stake ihren ersten Schritt auf dem Innenkreis. So können beide Staken ihre Position in der Mitte und innen nicht vertauschen.

2 Außen liegt allein die zweite rote Stake. Diese geht jetzt im Mittelkreis außen herum (um die vierte gelbe), nach innen (um die fünfte dunkelblaue) und nach außen und nimmt die letzte stehende (= übernächste) Stake im Innenkreis mit (die vierte gelbe liegt innen neben der zweiten roten Stake).

3 Die weiße Stake wird nach diesen zwei Schritten nicht mehr gebraucht und unter den Holzboden weggeklemmt. Die dritte grüne Stake geht weiter außen herum (um die fünfte dunkelblaue), nach innen (um die sechste hellblaue) und nach außen und nimmt die letzte stehende (= übernächste) Stake mit (die fünfte dunkelblaue). Die zweite rote Stake ist fertig und wird zur linken Seite weggedrückt, weiter geht es mit der vierten gelben Stake usw.

4 Beim Abschluss geht die drittletzte rote außen um die letzte orangefarbene, nach innen um die erste weiße und unter dieser hindurch vor der zweiten roten Stake nach außen. Dabei nimmt sie die letzte orangefarbene Stake innen mit. Nun liegen die erste weiße und die zweite rote Stake noch einzeln ohne „Partner", während grün und blau sowie rot und orange je noch zu zweit sind. Danach zeigen die erste weiße und die zweite rote Stake den sich außen (im Mittelkreis) dazu legenden Staken den richtigen Weg.

5 Die vorletzte blaue legt sich außen (im Mittelkreis) neben die erste Stake und geht mit dieser mit innen um die zweite rote Stake und wieder nach außen. Die letzte orangefarbene legt sich zu der zweiten roten außen hinzu und geht mit dieser innen um die dritte grüne Stake und wieder nach außen. Den fertigen Rand erkennt man daran, dass aus jedem Zwischenraum eine Stake nach außen kommt und immer zwei Staken nebeneinander liegen.

Der beschriebene Rand ist gleichzeitig der erste Schritt für den folgenden Zweierzuschlag.

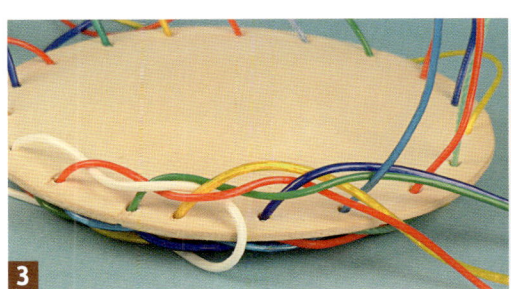

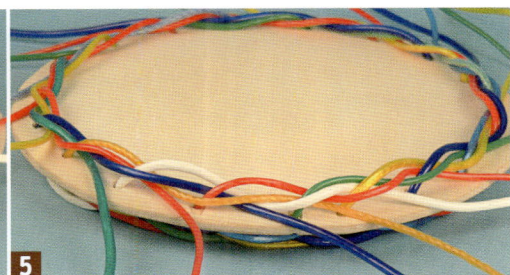

Flechtrand hinter eins vor eins
(Ende außen + Zusatzfaden)

Auf dem Foto können Sie gut die drei nebeneinander laufenden Staken erkennen, die das besondere Merkmal dieses schönen Randes sind. Er wird auch **Zweierzuschlag** genannt und aus dem vorhergehenden, auf Seite 35 beschriebenen Randabschluss gefertigt, siehe auch Skizze Seite 39.

1-2 Wenn Sie den eben beschriebenen Randabschluss fertig geflochten haben, befinden sich alle Stakenenden außen. Um den Rand „hinter eins vor eins mit Ende außen und Zusatzfaden" zu fertigen, gehen die Stakenenden mit den benachbarten „Partnerstaken", neben denen sie schon liegen, parallel weiter und werden im nächsten Zwischenraum unter diese und vor der neuen Stake nach innen gesteckt. So geht z. B. die grüne Stake mit der blauen Stake mit und im darauffolgenden Zwischenraum unter der blauen und der weißen Stake hindurch nach innen. Dies ist der Außenkreis. Fertig.

3 Geübte Flechter können die drei Schritte zusammenziehen, indem sie Innen-, Mittel- und Außenkreis in einem Zug fertigen. Sie legen z. B. die erste weiße Stake im Außenkreis gleich mit nach innen und flechten mit Blau im Innenkreis und Grün im Mittelkreis darüber hinweg weiter.

Flechtrand hinter eins vor zwei
(Ende innen)

Diesen Randabschluss sehen Sie z. B. an dem Blumenübertopf mit der purpurroten Kokosfaser.

Für diesen einfachen Flechtrand biegen Sie eine Runde alle Staken hinter die nächste Stake nach rechts und kommen vor der übernächsten Stake nach außen. Die vorletzte Stake schlägt an der ersten Stake an, die letzte Stake kommt unter der ersten nach außen. Diesen Vorgang sehen Sie auf den Schrittfotos 1 und 2 auf Seite 34.

Wenn alle Staken nach außen stehen wie bei einem Igel die Stacheln, werden sie jeweils über die nächsten zwei Staken und unter der dritten Stake im übernächsten Zwischenraum wieder nach innen gesteckt, siehe Foto unten links.

Eine Variante ist der unten rechts gezeigte Abschluss. Dieser breitere Rand ist einfach, aber effektvoll. Es wurden jeweils zwei Staken hinter die nächste Stake und vor zwei Staken geführt, wie eben beschrieben. Sie stecken nur neben jede Hauptstake eine Hilfsstake mit 20 cm Länge in das Geflecht. Auf diese Weise lassen sich alle kleineren Ränder vergrößern und verschönern.

Flechtrand hinter eins vor zwei
(Ende außen)

Ein Beispiel für den Flechtrand hinter eins vor zwei (Ende außen) sehen Sie auf Seite 33 rechts oben. Bei diesem Rand legen Sie jede Stake hinter die nächste Stake nach innen, im nächsten Zwischenraum wieder nach außen und vor zwei Staken, danach nach innen hinter eine Stake und wieder nach außen.

1 Schritt für Schritt geht das so: Zu Beginn legen Sie die ersten drei Staken, weiß, orange und dunkelblau, jeweils hinter die nächste Stake nach innen und vor die übernächste Stake nach außen.

2 Dann fahren Sie mit der ersten weißen Stake fort, die Sie vor, also außen um zwei Staken führen (hier blau und rot), innen um eine Stake (grün) und wieder nach außen, so wie Sie mit einem Faden das Dreier-geflecht arbeiten würden. Die letzte stehende Stake, also die vierte Stake (rot) legt sich zur ersten weißen Stake dazu.

3 Nun geht die zweite orangefarbene Stake außen um zwei Staken herum und nimmt die fünfte grüne Stake innen mit. Die dritte dunkelblaue Stake nimmt die sechste gelbe Stake mit. Nun ist die vierte rote

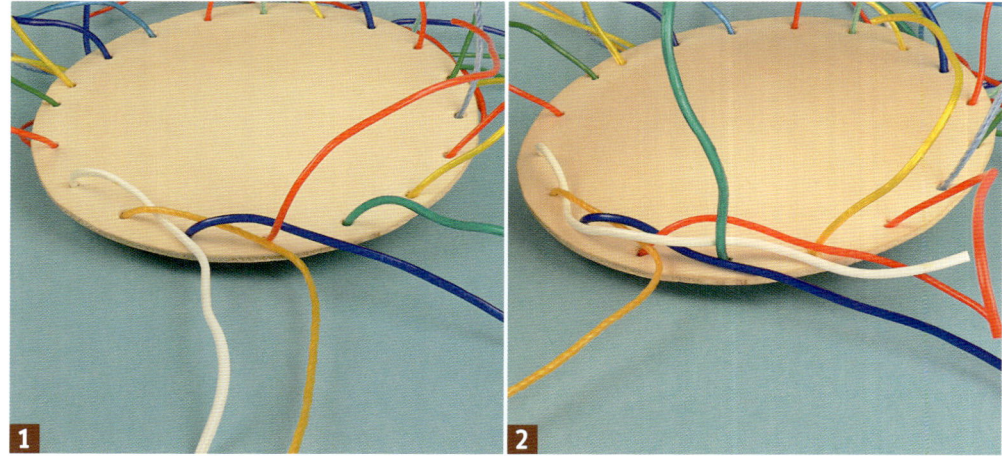

Stake dran usw., die weiße Stake ist fertig und kann unter den Boden weggeklappt werden.

4 Beim Abschluss heißt es aufpassen. Die hellblaue Stake ist fertig und kommt mit der vorletzten grünen Stake zusammen vor der ersten weißen Stake nach außen zum Liegen. Die dunkelblaue Stake ist fertig und geht zusammen mit der letzten roten Stake unter der ersten weißen Stake hindurch von innen nach außen.

5 Nun ist der Innenkreis vollständig. Die lange gelbe, die grüne und die rote Stake müssen noch ihren Platz finden an der äußeren Seite, die den Mittelkreis bildet. Die drittletzte gelbe Stake geht mit der ersten weißen Stake, die vorletzte grüne Stake geht mit der zweiten orangefarbenen Stake und die letzte rote Stake geht mit der dritten blauen Stake zusammen erst nach innen und dann nach außen.
Mit außen angesetztem Zusatzfaden erhalten Sie den Dreierzuschlag, siehe Seite 39.

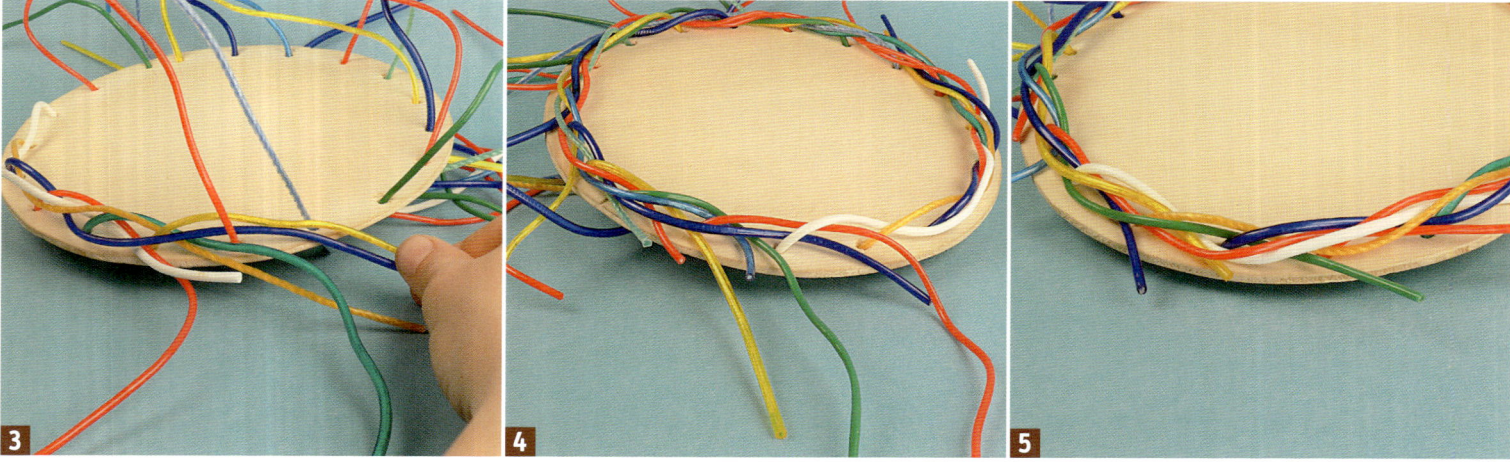

Flechtrand hinter eins vor zwei (Ende außen mit Zusatzfaden)

Diesen Rand kann man auch **Dreierzuschlag** nennen. Der Unterschied zwischen dem Zweierzuschlag und dem Dreierzuschlag ist vergleichbar mit dem Unterschied zwischen dem Zweiergeflecht und dem Dreiergeflecht: Der Zweierzuschlag wird mit zwei Paaren gefertigt, der Dreierzuschlag mit drei Paaren.

Der Innenkreis ist bei beiden Rändern identisch. Im Mittelkreis werden beim Zweierzuschlag die Staken wie das Zweiergeflecht (hinter eins, vor eins) gelegt, beim Dreierzuschlag werden die Staken geflochten wie das Dreiergeflecht (außen vor zwei Staken, innen um eine Stake herum und wieder nach außen).

Der Dreierzuschlag ist die Erweiterung zum Flechtrand hinter eins vor zwei. Die außen endenden Staken werden als Außenkreis neben ihren Partnerstaken parallel weitergeführt und im übernächsten Zwischenraum (außen vor zwei Staken) unter diese und vor der neuen Stake nach innen gesteckt. Nach einer Runde ist der Außenkreis (der Zusatzfaden) beendet. Auch beim Dreierzuschlag laufen am Ende drei Staken nebeneinander.

Geübte Flechter können Innen-, Mittel- und Außenkreis in einem Zug fertigen. Mit dem Zusammenziehen aller drei Schritte sparen Sie den letzten Schritt.

Zweierzuschlag (Seite 36) und Dreierzuschlag

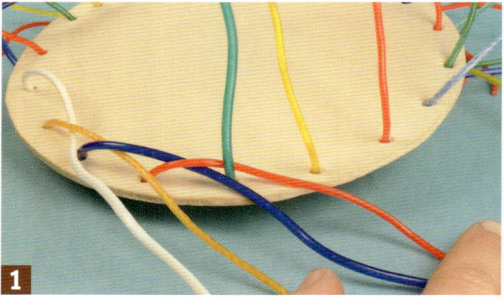
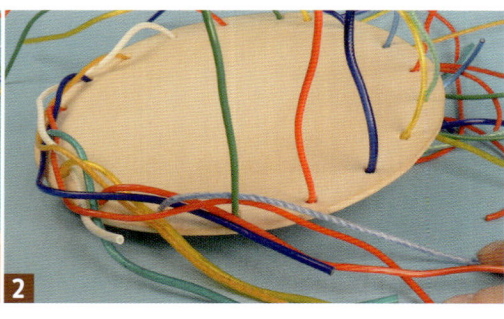

Flechtrand hinter eins vor drei (Ende außen)

Dieser Rand ähnelt dem Flechtrand hinter eins vor zwei. Er führt außen um eine Stake weiter. Auch dieser Rand ließe sich in zwei Schritten fertigen mit den Stakenenden innen. Jede einzelne Stake geht um die zweite herum nach innen, dann nach außen um die dritte bis fünfte Stake, nach innen um die sechste Stake herum und vor der siebenten Stake nach außen. Der Stakenverlauf ist „hinter eins, vor drei, hinter eins und nach außen".

1 Für den Innenkreis legen Sie die ersten vier Staken in Weiß, Orange, Blau und Rot jeweils nach innen hinter die nächste Stake und vor der übernächsten Stake nach außen.

2 Dann legen Sie die erste weiße Stake über die drei anderen liegenden Staken, dann außen um zwei liegende und eine stehende Stake vorbei, hinter der fünften stehenden Stake nach innen, um die sechste Stake herum und vor der übernächsten siebenten

Stake nach außen. Danach legt sich die fünfte Stake (grün) zur ersten weißen Stake dazu. Die orange-farbene, blaue und rote Stake gehen ebenfalls den beschriebenen Weg. Die jeweils letzte stehende Stake legt sich dazu, d. h., die zweite orangefarbene Stake legt sich zur sechsten gelben Stake, die dritte blaue Stake legt sich zur siebenten roten Stake und die vierte rote Stake legt sich zur achten hellblauen Stake. Die erste weiße Stake ist fertig und bleibt liegen, die fünfte grüne Stake wird weitergeführt.

Wenn die Staken vorher gleich lang waren, gehen die längeren Staken nach rechts weiter und die kürzeren bleiben links liegen.

3 Beim Abschluss kommt die fünftletzte hellblaue Stake zusammen mit der letzten roten Stake unter der ersten weißen Stake hindurch nach außen. Damit liegen alle Staken, der Innenkreis ist geschlossen. Nun legen sich alle Staken außen dazu, keine darf innen am Innenkreis vorbeigehen oder ihn umrunden.

4 Die vier außen liegenden langen Staken blau, gelb, grün und rot enden, indem sie jeweils auf ihrem Weg außen um drei Staken an der dritten Stake anschlagen, mit ihr nach innen gehen und unter der vierten Stake (sowie unter allen anderen Staken) wieder nach außen kommen. Das heißt, die viertletzte blaue Stake legt sich zur ersten weißen Stake, die drittletzte gelbe Stake legt sich parallel zur zweiten orange-farbenen Stake, die vorletzte grüne Stake legt sich parallel zur dritten blauen Stake und die letzte rote Stake geht von innen nach außen zusammen mit der vierten roten Stake unter der fünften grünen Stake nach außen.

5 Die Staken enden jeweils unter allen anderen Staken über dem Geflecht und werden kurz abgeschnitten.

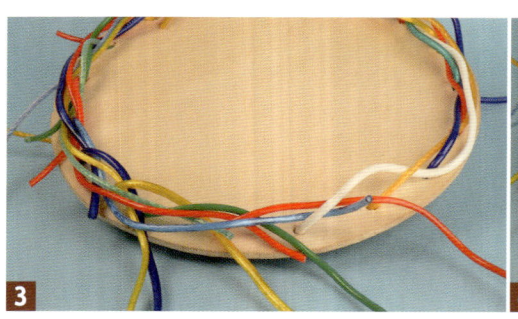
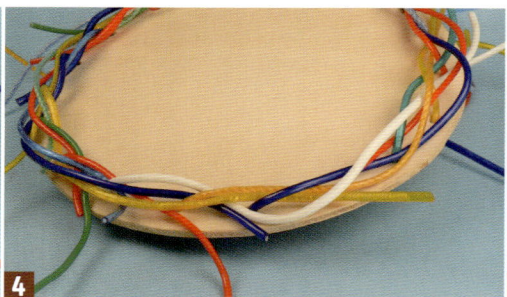

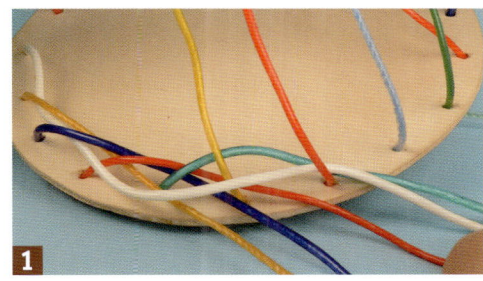

Flechtrand hinter zwei vor drei (Ende außen)

Dieser Rand wird oft von den echten Profi-Korbmachern mit Weide umgesetzt, deshalb nenne ich ihn auch „Korbmacherrand". Speziell wenn der Stakenabstand oben klein ist, wird er dem Flechtrand hinter eins vor drei vorgezogen. Er ist schwierig und daher nur für fortgeschrittene Flechter geeignet.

Auch hier kann der Innenkreis im ersten Schritt und der Außenkreis im zweiten Schritt gefertigt werden. Jede einzelne Stake geht im ersten Schritt im Innenkreis hinter (= innen um) die zwei nächsten Staken und nach außen. Im zweiten Schritt im Außenkreis geht sie vor (= außen um) drei Staken, innen um eine Stake herum und wieder nach außen.

Eine weitere Möglichkeit ist, dass man die Staken abzählt und von der ersten Stake ausgeht. Jede erste Stake geht im ersten Schritt im Innenkreis um die zweite und dritte Stake herum. Sie kommt im Außenkreis nach außen vor der vierten bis sechsten Stake. Dann legt sich die erste nach innen hinter die siebente Stake, parallel dazu kommt später die sechste Stake,

wobei die erste Stake im Außenkreis und die Stake im Innenkreis liegen. Dann kommt die erste zwischen der siebenten und der achten Stake wieder nach außen, parallel dazu kommt später die fünfte Stake im Innenkreis, die sich auf dem Weg nach außen befindet. Jetzt ist die erste Stake fertig. Weiter geht es mit der zweiten, außen liegenden Stake im Außenkreis (ihren Innenkreis hat sie schon beendet), die zum Zählen wieder als erste Stake genommen wird.

1 Zu Beginn legen Sie die ersten vier Staken jeweils hinter (= innen um) die nächsten beiden Staken herum und wieder nach außen. Dann fahren Sie mit der ersten weißen Stake fort und legen sie im Außenkreis über die anderen drei liegenden Staken und vor (= außen um) die vierte liegende, die fünfte und sechste stehende Stake, nach innen um die siebente stehende Stake und vor der achten Stake wieder nach außen. Die fünfte grüne Stake kommt von innen mit der ersten weißen Stake nach außen.

2 Dann geht die sechste gelbe mit der zweiten orangefarbenen Stake, die siebente rote mit der dritten dunkelblauen Stake, die achte hellblaue mit der vierten roten Stake. Danach ist die erste weiße Stake fertig und die fünfte grüne Stake ist dran. Wenn die Staken zu Beginn gleich lang waren, gehen immer die längeren Staken weiter und die kürzeren bleiben liegen.

3 Der Abschluss dieses Flechtrandes verlangt einigen Durchblick. Er folgt den oben erläuterten Regeln: Die sechstletzte rote geht zusammen mit der vorletzten

grünen unter der ersten weißen Stake hindurch nach außen. Die fünftletzte hellblaue geht parallel mit der weißen Stake nach innen und geht hinter und unter der orangefarbenen zweiten Stake nach außen. Die letzte rote legt sich hinter und unter der ersten weißen und der zweiten orangefarbenen Stake mit der fünftletzten hellblauen Stake nach außen.

4 Nun ist der Innenkreis beendet. Vier Paare mit jeweils einer längeren und einer kürzeren Stake liegen außen, wobei die längeren Staken rechts weitergehen und die kürzeren links liegenden Staken fertig sind. Die viertletzte, am weitesten links liegende Stake (blau) beginnt. Sie wird über die drei anderen außen liegenden, außen um die nächsten drei Staken geführt, berührt kurz die dritte orangefarbene und geht von oben nach unten unter der vierten blauen Stake durch. Dabei darf sie die weiße Stake nicht umrunden oder innen vorbeigehen. Den entsprechenden Weg gehen noch die gelbe, die grüne und zum Schluss die rote Stake.

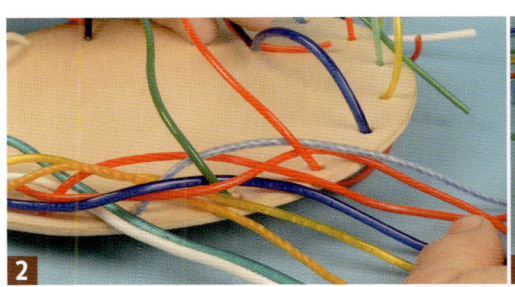

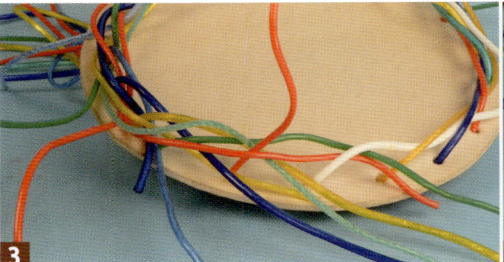

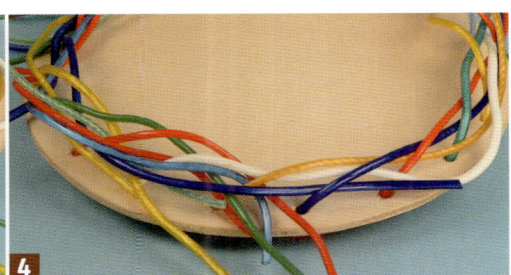

Zusatzrand ansetzen

Zusatzränder lassen sich an jeden fertigen Rand ansetzen, an dem die Staken außen enden. Sie können auch den auf Seite 34 beschriebenen Randbeginn (Schritte 1 und 2) fertigen und daran anschließend einen Zusatzrand flechten.

Der Zusatzrand wird eingesetzt, um dem Rand durch einen größeren Querschnitt ein schöneres Aussehen zu verleihen. Durch den breiteren, überlappenden Rand kann man den Korb besser greifen und halten. Beim Zusatzrand bleiben die Stakenenden unter dem Rand quasi unsichtbar und unfühlbar stecken.

Wenn nach jahrelanger Benutzung der Zusatzrand abgegriffen ist, kann er abgeschnitten werden, und man hat noch einen vollständigen ersten Rand zur Verfügung. Dies bedeutet doppelte Lebensdauer für die Korbränder und verhindert einen vorzeitigen Verschleiß.

Beim Zusatzrand setzen Sie praktisch einen Kipprand über drei (siehe Seite 31) außen an den ersten, schon vollständigen Rand an.

Statt innen – außen – innen werden die Staken unten – oben – unten geführt, das heißt, jede der außen hängenden Staken legt sich in Flechtrichtung unter die nächste Stake, über die übernächste Stake und endet unter der dritten Stake. Dieser Rand wird manchmal auch als überdeckter Randabschluss bezeichnet, da die Enden unten beim Geflecht liegenbleiben. Sie können auch jede andere Kipprand-Art als Zusatzrand nehmen. Eine weitere Möglichkeit ist am Übertopf mit der Effektwolle auf Seite 63 erklärt.

Weitere Beispiele für Zusatzränder sehen Sie am großen Füllhorn auf Seite 75 und am Brotkörbchen auf Seite 79.

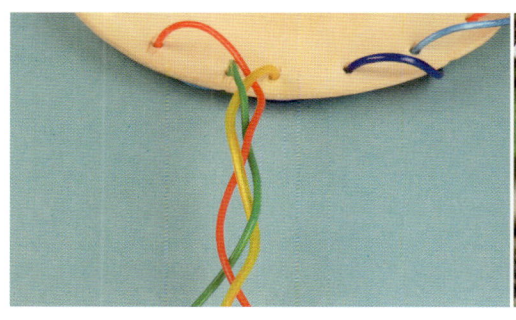

Zopfrand

Der Zopfrand wird oft als der schönste der Ränder bezeichnet. Meine Schüler sagen mir oft, dass er relativ leicht zu erlernen sei, wenn man die Grundstruktur begriffen habe.

Beispiele für den Zopfrand sehen Sie am Weinflaschenkorb auf Seite 92, am Apfelkorb auf Seite 93 sowie am Wäschekorb und seinem Deckel auf Seite 90. Eine verkürzte Variante dieses Zopfrandes hat innen drei und außen zwei Staken nebeneinander. Sie finden diese Beschreibung beim eckigen Tablett auf Seite 79. Eine weitere kürzere Variante mit Zweiergruppen außen und innen ist am Übertopf mit blauer Tonschale auf Seite 61 zu sehen.

Ränder lernen ist wie Autofahren lernen: erst muss man einige Zeit büffeln, später kommt einem das Gelernte leicht und verständlich vor. Alle Ränder haben ein System, das Ihnen, einmal erkannt, ganz klar erscheinen wird. Im Auto denken Sie beim Anfahren an der Kreuzung auch nicht mehr über das Spiel zwischen Gas und Kupplung nach. Meine Schüler üben ein- bis maximal dreimal bis zum vollständigen Erlernen des Zopfrandes. Wenn sie den Rand später selber erklären, zeigen sich in der Regel keine Schwierigkeiten mehr.

Leichter wird das System des Zopfrandes, wenn Sie das Dreiersystem eines geflochtenen Zopfes nehmen und sich flach auf die Kreisbahn des Korbes oben gelegt denken. Die drei Fäden, gelb, rot und grün (Abbildung links oben), gehen jeweils über die Mitte auf die ande-re Seite. Gelb geht über grün auf die andere Seite, rot geht über gelb auf die andere Seite, grün geht über rot auf die andere Seite, dann wieder gelb über grün usw.

Sie haben auf einer Seite (außen) zwei Staken und auf der anderen Seite (innen) eine Stake. Die neu hinzugekommene Stake auf der Zweierseite außen bleibt liegen, die alte schon liegende Stake geht über die neue und durch das Tor auf die andere Seite nach innen, wo sie als neue Stake liegenbleibt. Die alte schon liegende Stake geht über die neu hinzugekommene Stake durch das Tor nach außen, wo sie als neue Stake erst einmal liegenbleibt. Beim Zopf geht die neue Stake oder Stakengruppe immer **über** die alte. Ein häufiger Fehler ist, die die Seite wechselnde Gruppe beim Flechten auf die andere Seite über die dort vorhandene Gruppe zu legen, so dass die neue Gruppe nur noch unter der alten Gruppe die Seiten wechseln kann.

Für den auf den folgenden Seiten beschriebenen Zopf gibt es drei Fäden, die sich beim Zopfrand zu drei Stakengruppen erweitern. Alle Staken werden mitgenommen und bilden Stakengruppen. Diese Stakengruppen sind unzertrennlich, gehen immer denselben Weg, liegen flach und dürfen sich nicht vertauschen oder verdrehen. Erst wenn die vierte Stake zum Zopfmuster dazu kommt, bleibt die erste Stake innen liegen. Bei den ersten Bögen müssen Sie ausreichend Platz lassen, da später bis zu drei Staken durch diese Lücken hindurchgezogen werden.

Tipp: Stecken Sie Bleistifte oder andere Stifte an diese Stelle, so erhalten Sie den richtigen Abstand für die ersten beiden Bögen, außerdem zeigen sie am Schluss, wie beendet wird.

„Ein Hasenohr, ein Hasenohr, und durch das Tor", auf diese Weise erklärte eine Schülerin einmal den Beginn vom Zopfrand. Ein „Hasenohr" ist ein kurzer Bogen, der **vor** der nächsten Stake nach außen kommt, im Gegensatz zum langen Bogen **hinter** der nächsten Stake nach außen bei den Flechträndern.

Das Tor sind die beiden letzten stehenden Staken, zwischen die die Flechtfäden gelegt werden und wo sie wieder herauskommen. Sie dürfen nur durch das Tor raus und rein. Danach hat das Tor seine Funktion verloren und klappt zu, das heißt, die linke der letzten beiden stehenden Staken klappt vor der nächsten Stake nach außen wie beim „Hasenohr". Dann öffnet sich (rechts oder links davon, je nach Flechtrichtung) ein neues Tor, d. h., weiter geht es wieder durch die letzten beiden stehenden Staken.

Das Grundprinzip des Zopfes ist „rein durch das Tor, raus aus dem Tor, das alte Tor klappt zu, das neue Tor entsteht rechts davon, und wieder rein durch das Tor" usw.

Die Kurzfassung „Rein, raus, zu, neues Tor, rein, raus, zu" murmeln meine Schüler oft vor sich hin.

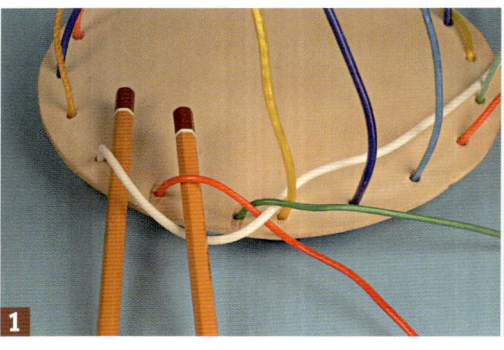

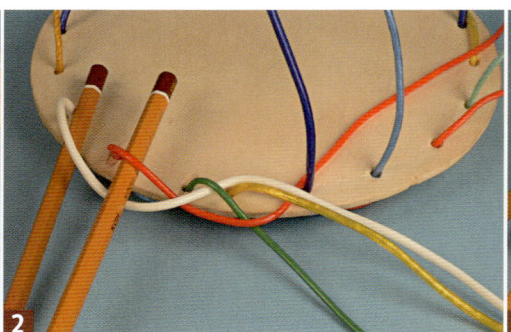

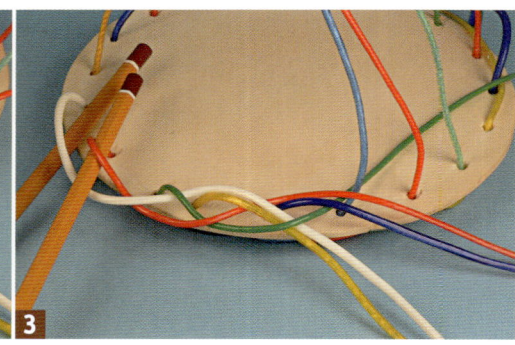

1 Die erste weiße und die zweite rote Stake legen sich im kurzen Bogen vor der nächsten Stake nach außen. Die erste weiße Stake legt sich unter den zweiten rechten Stift und über der zweiten roten Stake durch das grün-gelbe Tor nach innen. Momentan ist noch keine Stake innen, die durch das Tor wieder herauskommen könnte. Das Tor klappt zu, d.h. die dritte grüne Stake legt sich über die erste weiße Stake in kurzem Bogen nach außen. Nun liegen alle drei Staken, die die Dreierstruktur des Zopfes bilden.

Häufigster Fehler ist beim Zopf, dass an dieser Stelle die beiden äußeren Staken (rot und grün) zusammen nach innen gebracht werden. Damit wäre nur noch eine Zweierstruktur vorhanden und ein Zopf nicht mehr möglich.

2 Nun legt sich die zweite rote Stake über die dritte grüne Stake durch das gelb-blaue Tor nach innen. Die erste weiße Stake kommt über die zweite rote Stake

nach außen durch das gelb-blaue Tor und nimmt die letzte stehende Stake mit. Die vierte gelbe Stake als letzter Torpfosten legt sich neben die erste weiße Stake. Beide sind ab sofort unzertrennlich, gelb und weiß als erste und vierte Stake bilden eine Stakengruppe und gehen nebeneinander denselben Weg.

3 Das neue Tor ist nun zwischen der fünften blauen und der sechsten hellblauen Stake. Die dritte grüne Stake geht über die weiß-gelbe Stakengruppe durch das Tor nach innen, aus demselben Tor kommt über die grüne Stake die zweite rote Stake heraus und nimmt die letzte stehende Stake mit. Die fünfte dunkelblaue Stake legt sich zur zweiten roten Stake.

4 Die weiß-gelbe Stakengruppe geht über rot und blau durch das hellblau-rote Tor nach innen. Die dritte grüne Stake kommt einzeln aus dem Tor heraus und nimmt die letzte stehende Stake mit. Die hell-

blaue Stake legt sich neben die dritte grüne Stake im kurzen Bogen nach außen.

5 Rot-blau geht durch das grün-rote Tor nach innen, gelb-weiß kommt nach außen und klappt den roten Torpfosten um. Das ist die erste Dreiergruppe. Hellblau-grün geht durch das hellgrün-gelbe Tor nach innen, rot-blau kommt nach außen und nimmt den hellgrünen Torpfosten mit.

6 Das neue Tor ist gelb-blau. Die Stakengruppe weiß-gelb-rot geht nach innen, dunkelgrün-dunkelblau gehen nach außen mit dem Ex-Torpfosten gelb. Nun sind alle drei Stakengruppen mit jeweils drei Staken vollständig.

Rot-blau-hellgrün geht durch das blau-rote Tor nach innen, die innen befindliche Stakengruppe kommt nach außen, und nimmt die letzte stehende blaue Stake mit.

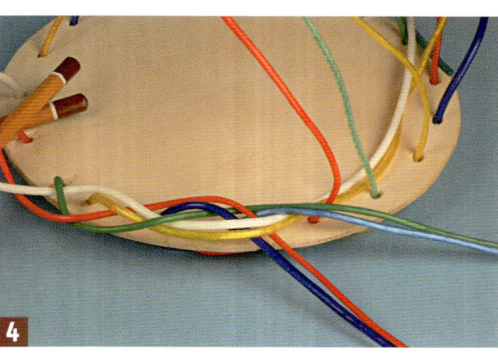

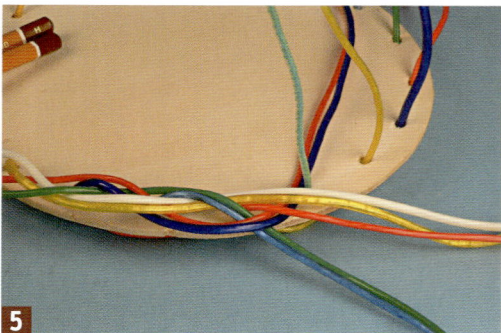

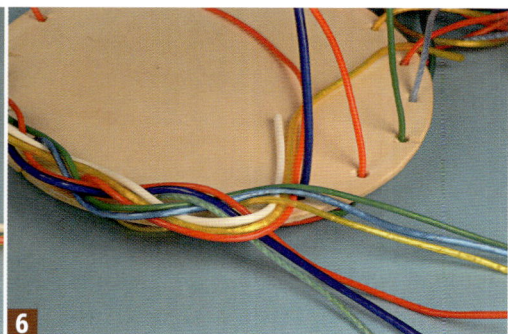

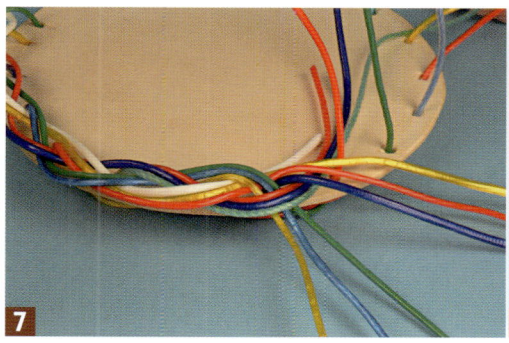

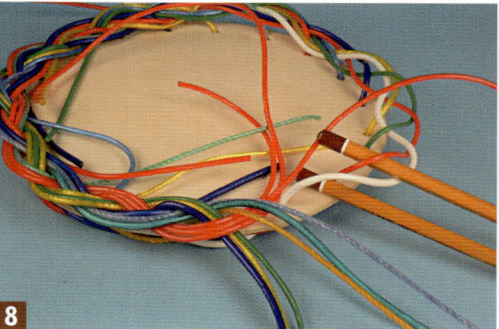

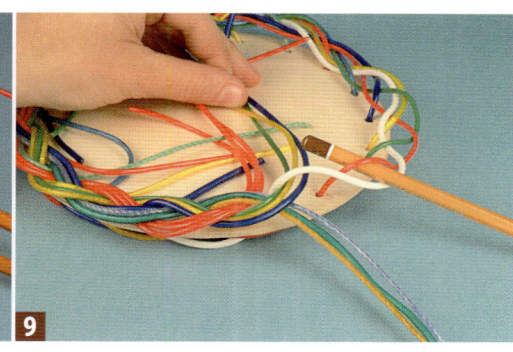

7 Wenn sich die kurze erste weiße Stake noch mit nach außen legen würde, wäre diese vierte Stake zu viel für einen Zopf, in dem innen drei und außen drei Staken nebeneinander liegen. Stattdessen ist die weiße Stake als erste Stake fertig und liegt innen auf dem Platz, auf dem sie und alle anderen Staken enden. Ab sofort kommen nur die zwei längeren Staken nach außen, nehmen die letzte stehende Stake mit, die kurze bleibt innen liegen, usw. usf.

8 Beim Abschluss kommen die drei Dreierbündel an der weißen Anfangsstake an. Außen liegen zwei Stakenbündel, beide Stifte zeigen noch den Weg, auf dem die beiden äußeren Stakengruppen nach innen gelegt werden.

Jetzt zeigen die schon liegenden Staken weiß, rot und grün den ankommenden Staken den Weg, den sie auf der **korbinneren Seite** neben diesen nur noch verfolgen müssen.

9 Neben dem ersten linken Stift und unter der ersten weißen Stake geht die links liegende Stakengruppe blau-gelb-dunkelgrün nach innen.

10 Dem Flechtrhythmus folgend gehen die zwei roten Staken mit der weißen Stake nach außen (momentan noch nicht weiter). Dazu müssen Sie die erste weiße Stake gut nach außen und unten ziehen, so wie ihr ursprünglicher Verlauf war und wie der zweite rechte Stift steckte.

11 Die letzte äußere Stakengruppe orange-grün-hellblau legt sich **über der ersten** weißen **Stake** (inklusive der zwei roten Enden) und **unter der zweiten** roten **Stake** hindurch nach innen. Erst jetzt ist der Übergang fest. Die Reihenfolge der Schritte ist ab sofort austauschbar.

12 Um den Zopf zu beenden, „verfolgen" Sie die schon liegenden Staken auf der korbinneren Seite

nach und nach, bis überall nebeneinander drei Staken liegen: Im Beispiel gehen die beiden roten Staken mit der ersten weißen Stake bis unter der grünen Stake durch. Die kürzere rote Stake bleibt dort innen liegen. Die längere rote Stake geht weiter mit der weißen und gelben Stake unter der grünen und unter der grün-blauen Gruppe durch nach innen.

Die dunkelblaue und die gelbe Stake gehen mit der roten Stake unter rot-rot-weiß nach außen, über grün (-orange-grün) und unter (rot-) weiß-gelb nach innen, gelb bleibt liegen, blau geht mit rot und blau weiter.

Genauso gehen mit grün noch orange und grün, grün bleibt zuerst liegen, orange geht weiter.

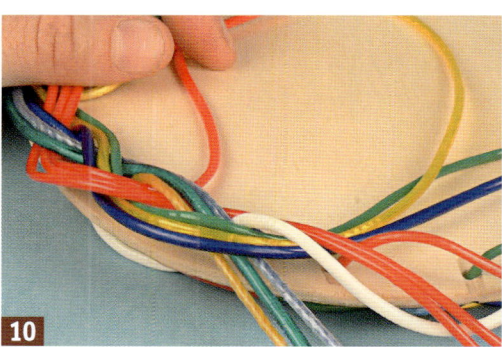

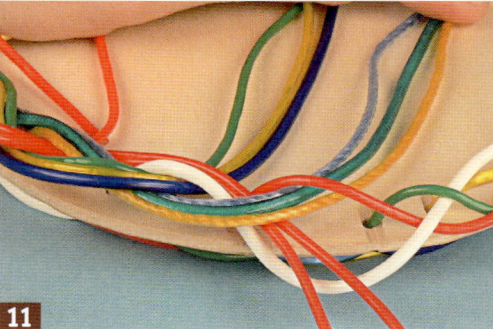

Henkel und Griffe

Die Bezeichnungen Henkel und Griff sind im Volksmund austauschbar. Der Korb-Profi unterscheidet jedoch zwischen einem Henkel (groß und über den gesamten Korb) und zwei Griffen (meist kleiner und an der Seite). Es gibt die Eselsbrücke „ein Henkel und zwei Griffe".

Für den **eingearbeiteten wellenförmigen Griff** am Tablett rechts wurden Holzperlen auf die Staken gefädelt und das Dreiergeflecht mindestens drei Runden (hier fünf Runden) darüber hinweggeführt. Es ist darauf zu achten, dass sich an dieser erhöhten Stelle möglichst keine Fadenenden befinden.

Tipp: Wenn Sie diesen einfachen Griff ohne die Holzperlen fertigen wollen, stecken Sie einfach Wäscheklammern als Platzhalter an deren Stelle und entfernen sie nach der Fertigstellung des Randes.

Der **eingearbeitete eckige Griff** oben rechts entstand, indem drei Zwischenräume über fünf Runden freigelassen wurden. Im gezeigten Beispiel wurde mit dem Zweiergeflecht durch das Hin- und Hergehen rechts- und linksgedreht geflochten. Eine einfachere

Methode wäre, an dieser Stelle das Einergeflecht anzuwenden.

Tipp: Eine Verstärkung der eingearbeiteten Griffe können Sie durch zusätzliche Hilfsstaken erreichen, die neben den freien Hauptstaken in das Geflecht eingefügt werden.

1-3 Für die einfachste Form eines **angesetzten und um sich selbst verdrehten Griffes** wird ein Faden, 2 mm oder 3 mm stark, unter dem Rand oder unter einer Stake hindurchgezogen und als Schlaufe gelegt. Die beiden Enden werden miteinander verdreht, bis die gewünschte Henkelgröße erreicht ist. Der äußere Faden wird nach innen gelegt und der innere Faden nach außen, so dass sich eine neue Schlaufe ergibt. Dann wird verstochen, siehe auch Seite 47, Schritt 5.

4 Wenn Sie **stärkere Griffe** möchten, führen Sie einen oder beide Fadenenden entsprechend dem Fadenverlauf in immer derselben Furche wieder auf die andere Seite. Diesen Vorgang können Sie wiederholen, so oft Sie es möchten.

5 Nun können Sie die Fadenenden unter dem Rand im Fadenverlauf verstechen, so dass die Fadenenden möglichst wenig auffallen. Jedes Ende soll dabei zweimal, besser dreimal geknickt sein, damit es nicht herausrutscht, wie bei N und W auf der Skizze auf Seite 95.

Der Pflückkorb auf dem Foto rechts verfügt über zwei nebeneinander liegende **einfache Griffe mit Seele**. „Seele" ist ein Begriff aus der Korbmachersprache und meint einen oder mehrere stärkere Stöcker, die neben einer Stake mindestens 4 cm tief in das Geflecht eingesteckt werden und dem Griff oder Henkel seine Form und Festigkeit verleihen. Ich verwende für die Seelen gerne Peddigrohr mit dem Durchmesser 4 mm. Wenn Sie dies nicht haben, sind auch 3 mm ausreichend. Um diese Seele werden die Fäden in gleichmäßigen Windungen geführt, das nennt man „belegt". Der Belag hält die Seele an ihrem Ort fest.

Sie beginnen, indem Sie einen Faden neben die Seele in das Geflecht stecken. Sie führen diesen Faden beim Belegen in immer demselben Abstand drei- bis viermal um die Seele herum. Der Faden geht über dem Geflecht und unter dem Randabschluss herum auf die andere Seite. Danach wird er neben den schon vorhandenen Faden zurück geführt, erneut unter dem Rand durchgezogen, und wieder direkt neben dem schon vorhandenen Belag in immer der gleichen Furche hin- und hergewickelt. Mit jeder Runde wächst der Belag und die Furche wird enger.

Da der Innenkreis kleiner ist als der Außenkreis, bekommen Sie den oberen Teil nie vollständig geschlossen. Oben müssen kleinere Lücken bleiben. Wenn Sie trotz starkem Ziehen den Faden nicht mehr direkt an die Seele anlegen können, ist Schluss.

Wenn ein Faden vorsteht, würde dies beim Tragen stören. Wenn also der Innenkreis voll ist, hören Sie mit dem Belegen auf und verstechen die Enden wie oben beschrieben unter dem Rand.

Der **einfarbige Henkel mit Seele** am Weinflaschenkorb wurde wie der Griff mit Seele auf Seite 47 gefertigt, jedoch mit einer größeren Seele. Für einen breiteren Griff erweitere ich das Loch neben zwei gegenüberliegenden Staken und stecke zwei Seelen nebeneinander etwa 3 cm bis 5 cm tief ins Geflecht.

Tipps: Für einen stärkeren Henkel können Sie bereits beim Fertigen der Wand mit einem „Platzhalter" arbeiten. Dabei können Sie entweder bereits die Seele einstecken. Oder Sie stecken vor dem Randabschluss ein oder zwei Peddigenden oder Stöcker in der entsprechenden Stärke ein. Nach dem Entfernen haben Sie den gewünschten Freiraum für die Seele.

Auch diesen Henkel können Sie zweifarbig gestalten, indem Sie den ersten Teil der Belegung mit einem Faden fertigen, diesen verstechen und danach mit einem andersfarbigen Faden den zweiten Teil belegen.

Der Unterschied dieser Belegung zur Weidenflechttechnik beruht darauf, dass die Weide im Vergleich zum Peddigrohr sehr unregelmäßig geschnitten ist. Sie ist an einem Ende dick und an der Spitze sehr dünn. Außerdem ist sie meist wesentlich kürzer als die Peddigfäden.

Mit demselben Peddigfaden können Sie einige Male um den Henkel wickeln. Da Sie den Faden mehrfach unter dem Rand durch und auf die andere Seite legen, ist die Stabilität durch diese Technik gegeben. Mit der Weide geht das nicht.

Um die unterschiedlichen Querschnitte der Weide sowie die fehlende Länge auszugleichen, werden die Belagweiden mit den dicken Enden an beiden Seiten des Henkels eingesteckt und mit den Spitzen auf der gegenüberliegenden Seite die Verbindung zum Rand geschaffen. Dies bietet neue und andere gestalterische Möglichkeiten, von denen eine hier vorgestellt wird.

Eine hübsche Gestaltungsvariante für die Belegung eines Henkels ist der **zweifarbige Henkel mit Seele in der Weidenflechttechnik** mit dem sogenannten Fischgratgriff. Er ist relativ einfach zu fertigen und sieht hübsch aus.

Als Seele werden zwei Peddigrohre mit dem Durchmesser 4 mm neben eine Stake nach unten in das Geflecht eingesteckt. Das Geflecht anfeuchten und mit dem Vorstecher auf jeder Seite zwischen Seele und Korbinnerem Platz schaffen für viermal Belagpeddigrohr mit dem Durchmesser 3 mm. Für die Länge der Stücke messen Sie die Henkelgröße und geben ca. 20 cm dazu.

Sie führen erst eine Gruppe, dann die andere Gruppe etwa achtmal um die Seele herum. Wenn danach noch Platz ist, können Sie von beiden Seiten noch je ein Belagpeddig nachträglich in die Furchen ziehen. Das Belagpeddig soll sich nicht gegenseitig überkreuzen.

Dann stecken Sie die Enden auf der Gegenseite nebeneinander unter dem Rand und über dem Geflecht von innen nach außen durch. Auf dem Foto sehen Sie, dass die braunen Belagstaken links neben dem Henkel enden.

Nun beginnen Sie mit dem rechts außen am Henkel liegenden Faden. Dieser beginnt nach rechts oben, geht um den Henkel herum, kreuzt sich selbst, geht nach unten und innen und wird (wie alle folgenden Belagstaken) unter dem Rand mindestens zweimal verstochen (also von innen nach außen und wieder nach innen, Enden abschneiden).

Dann geht der zweite Faden (links neben dem ersten Faden) über den ersten Faden nach rechts oben, um den Henkel herum, kreuzt sich selbst, geht nach rechts unten und nach innen und wird unter dem Rand verstochen. Alle folgenden Fäden gehen danach denselben Weg.

Tipps: Wenn der Henkel größere Lasten tragen soll, verstechen Sie bitte viermal, also innen – außen – innen – außen, und schneiden die Enden erst danach

ab. Wegen der Gleichmäßigkeit und Schönheit versteche ich zwei Stakenenden nach rechts und zwei Stakenenden nach links.

Der Henkel mit Seele mit Peddigband belegt hat eher die Funktion eines Zierhenkels, da die Verbindung zwischen Henkelseele und Randabschluss nicht so robust wird wie bei den anderen Varianten.

Wichtig ist, dass Sie versuchen, eine genügend lange weiße Peddigschiene zu finden, die um den ganzen Henkel herumgewickelt werden kann.

Wässern Sie die weiße und die braune Peddigschiene gut und ziehen Sie sie stramm fest. Dann wickeln Sie die weiße Peddigschiene fortlaufend straff um die Henkelseele. Die braune Schiene läuft außen über der Seele. Sie kommt alle drei Runden nach außen über eine weiße Schiene und geht dann wieder drei Runden innen weiter. Sie hält bei der weißen Schiene die Runden auseinander. Das sieht gut aus und die Runden können so weniger verrutschen. Die Enden verstechen Sie unten im Geflecht.

Sie können die Schienenenden vor dem Verstechen auch noch kreuzweise wieder nach oben und schräg nach unten führen, das verstärkt die Verbindung noch etwas.

Tipp: Ein höherer Henkel mit Peddigrohrseele ist weniger stabil als ein niedriger gelegter Henkel. Als weiches Material lässt sich Peddigrohr noch bewegen.

Wenn Sie die Peddigschiene am Henkel ansetzen müssen, legen Sie die neue Schiene an die Seele und wickeln Sie einige Runden mit fest. Dann verkreuzen Sie beide Schienen. Die neue Schiene geht über die alte Schiene weiter und wickelt das alte Ende mit ein, siehe Skizzen.

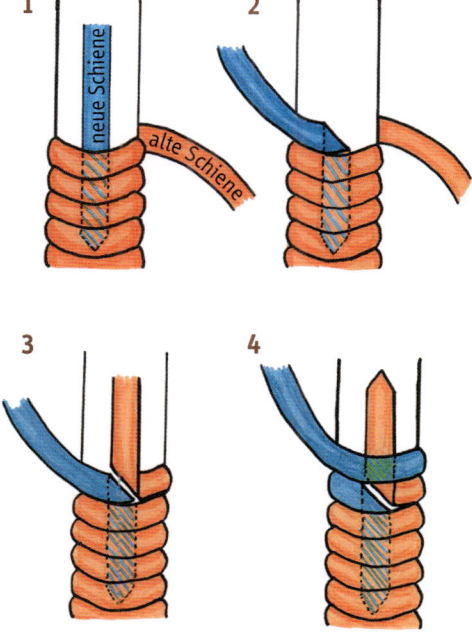

Rahmenkörbe

Als erste mir bekannte bildliche Darstellung eines Korbes wurde im 12. Jahrhundert ein runder Rahmenkorb entsprechend dem Modell von Seite 53 gezeichnet.

Die Rahmentechnik bietet eine grundsätzlich andere Art Körbe zu flechten: Zu Beginn wird ein Ring als Rahmen gewunden (siehe Ringe und Reifen, Seite 58). Danach werden die Staken, die beim Rahmenkorb als „Speichen" bezeichnet werden, eingesetzt. Damit ist die Form des Korbes festgelegt. Der feststehende Rahmen wird dann mit Fäden ausgeflochten. Eine Formänderung ist nur noch begrenzt möglich. Als Beispiel beschreibe ich den Rahmenkorb von Seite 53.

Ich beginne mit zwei Ringen im Durchmesser von 18 cm aus 4 mm starkem Peddigrohr, um mehr Festigkeit zu erhalten. Beide Ringe habe ich in der Mitte im Winkel von 90° mit Bast vorgeheftet.

Die Kreuze binde ich nun mit dem „Gottesauge", das Sie auf dem großen Foto rechts sehen, zusammen. Das Gottesauge ist der Fachbegriff für diese Verbin-

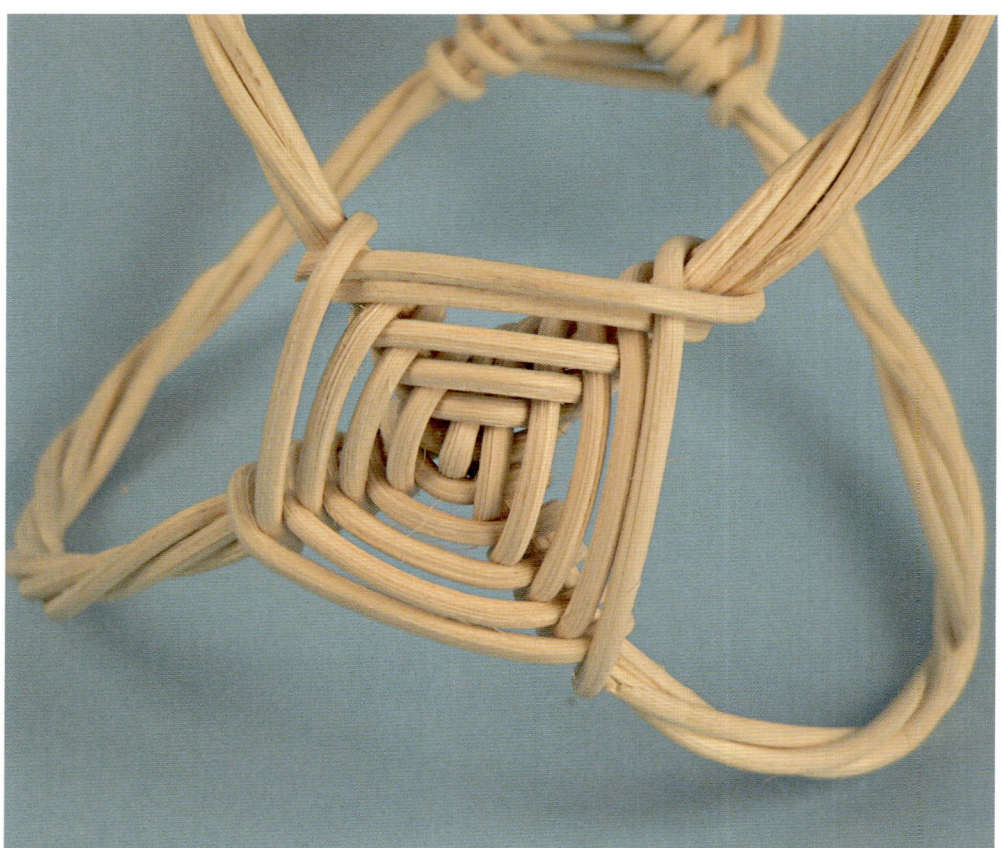

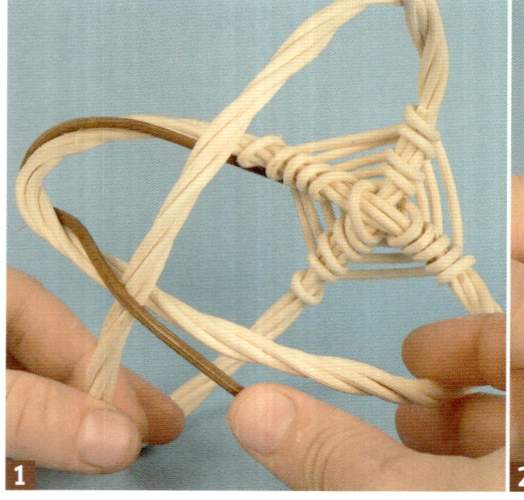

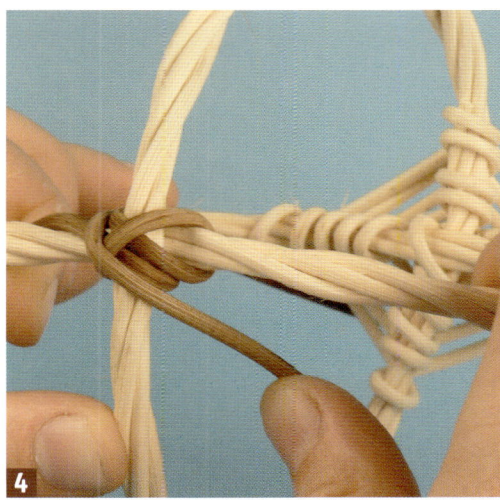  

dungsart, die überall auf der Welt gebräuchlich ist. Bei den Schrittfotos werden die Ringe in der gleichen Position gehalten, um den Verlauf des Fadens besser verfolgen zu können.

1 Zu Beginn des Gottesauges muss stark am Faden gezogen werden. Damit mein Faden das aushält, führe ich ihn zwei volle Drehungen zurück und verstecke ihn so. Er hält durch die Reibung und wird später mit eingeflochten.

2-3 Jetzt werden beide Ringe kreuzweise mit dem Faden verbunden.

Tipp: Die Bindung erfolgt an der Stelle, an denen die Fadenenden der Ringe zusammenstoßen. So sind sie verdeckt und können nicht herausrutschen.

4-7 Grundsätzlich geht der Faden um einen Ring herum, an der äußeren Seite entgegen dem Uhrzeiger zum nächsten Ring, um diesen Ring herum, an der äußeren Seite entgegen dem Uhrzeiger zum nächsten Ring, um diesen Ring herum usw.

Ich fand diese Technik anfangs sehr schwer und habe sie mit Hilfe von zwei Bleistiften und einem Strick erlernt. Danach kam sie mir ganz einfach vor.

8 Am Ende des Gottesauges wird das Fadenende an einem Ring unter die vorherige Runde gesteckt und entweder abgeschnitten oder mit dem Ring zusammen eingeflochten.

Der schönste der so entstandenen Halbkreise wird mit einem Faden gekennzeichnet. Er wird später der Henkel.

Vier oder wie auf dem Foto unten links, Seite 52, sechs Speichen, die den gleichen Umfang der drei anderen Halbkreise haben, werden im gleichen Abstand zwischen den beiden Gottesaugen eingeklemmt. Es kommen also auf jeden Viertelkreis zwei bzw. drei Speichen.

Tipp: Damit die Speichen nicht so leicht verrutschen, halte ich sie mit einem eingeweichten Peddigfaden

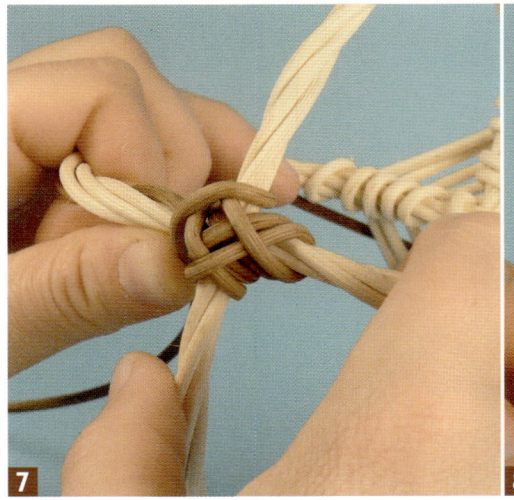 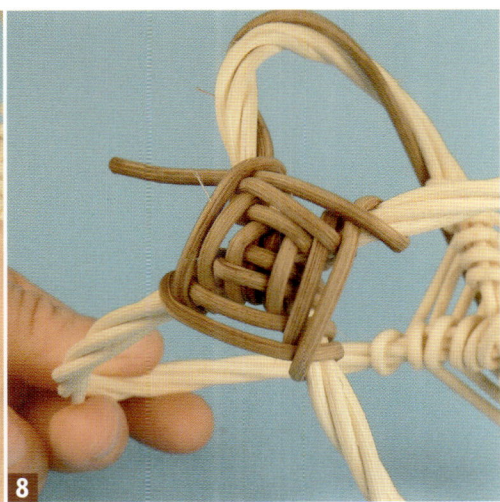

vorübergehend an ihrem Platz fest, siehe Fotos unten links und Mitte.

Es wird, wie Sie am mittleren Fotos sehen, im Einergeflecht gearbeitet. Der Faden wird innen am mittleren Ring, an der unteren Spitze vom Gottesauge, eingelegt. Er verläuft zu einer Rahmenseite hin, windet sich zweimal um den Rahmen und wechselt zur anderen Seite. Auch dort wird die zweifache Umholung gesetzt und der Faden läuft wieder zurück. Durch die zweifache Umholung werden Lücken am äußeren Rand vermieden.

Tipp: Bei der zweifachen Umholung knicken und brechen die Fäden oft. Abhilfe schaffe ich, indem ich den Faden mit Kraft um den Ring ziehe. Ist er arg brüchig, verdrehe ich den Faden an dieser Stelle zwischen den Fingern, so dass der Bruch nach innen kommt und sich so schließt.

Nachdem der erste Faden geendet hat, beginnen Sie auf der anderen Seite am Gottesauge auf dieselbe Art und Weise. Dadurch werden die Speichen auf beiden Seiten befestigt.

Tipp: Nun können Sie die Länge der Speichen noch korrigieren, um die gewünschte Form zu erhalten. Sind die Speichen zu lang geraten, werden sie beidseitig

innen am Gottesauge abgeschnitten und durchgeschoben. Wenn das Durchschieben zu schwer ist, kann mit dem Vorstecher das Loch erweitert werden. Sollten die Speichen eher zu kurz sein, können sie etwas herausgezogen werden, jedoch nur bis zur Grenze des Geflechtes.

Das Geflecht beginnt am Gottesauge und wächst von zwei Seiten der Mitte zu. Nach 18 Reihen im Einergeflecht werden die Lücken zwischen den Speichen zu groß. In beiden Viertelkreisen schieben Sie die jeweils zwei Staken in der Mitte enger zusammen. Außen an den Ringen beginnend, fügen Sie viermal eine Speiche dazu. Diese soll ca. 2 cm neben den Ringen eingesteckt sein. Danach werden alle Speichen weiter einzeln umflochten.

Neue Fäden dürfen Sie wie beim Keil nicht direkt am äußeren Rahmen und auch nicht an der Nebenstake (das ist die letzte Stake vor dem Rahmen) ansetzen. Die Fäden sollen U-förmig mindestens einmal geknickt sein, bevor sie der Zugbelastung am äußeren Rand standhalten. Besser und stabiler ist der N-förmige Knick, also ein Ansetzen mindestens an der vorletzten Stake vor dem Außenrahmen, siehe Skizze Seite 95.

Am Anfang arbeiten beide Hände außerhalb des Korbes. Später bei sich verengender Lücke ist es hilfreich, den Faden wie beim Nähen zu führen, das heißt die Spitze durchfädeln und von der anderen Seite ziehen.

Tipp: Viel zeitsparender und handlicher ist es, den Faden auf maximal 2 m Länge zu kürzen. So kann er bei einmaligem Strecken beider Arme durchgezogen werden.

Am Schluss wird mit dem Vorstecher der Weg für den Faden vorgebahnt. Manchmal wird die Spitze durch das viele Fädeln fasrig. Sie können diese dann neu anschrägen.

Beendet ist der Rahmenkorb, wenn er so fest geflochten ist, dass kein Faden mehr hineingeht, siehe Foto unten rechts.

Soll ein ovaler Rahmenkorb gefertigt werden, wird der nasse Ring stark zusammengedrückt und anschließend in eine ovale Form gebogen. Noch besser ist es, wenn Sie die Grundlage des Ringes oval formen und die Umwicklungen danach ebenso.

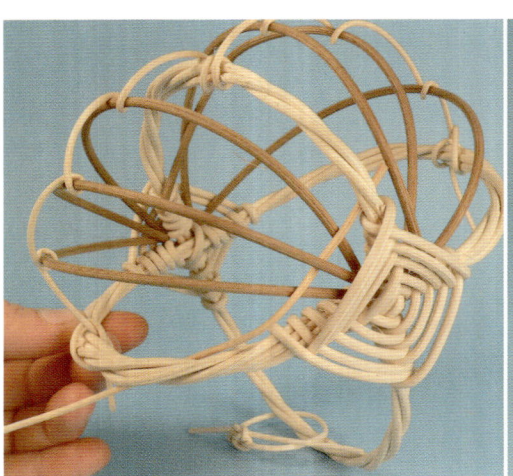
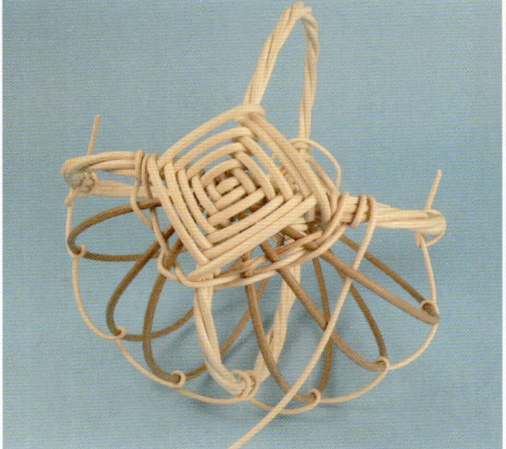
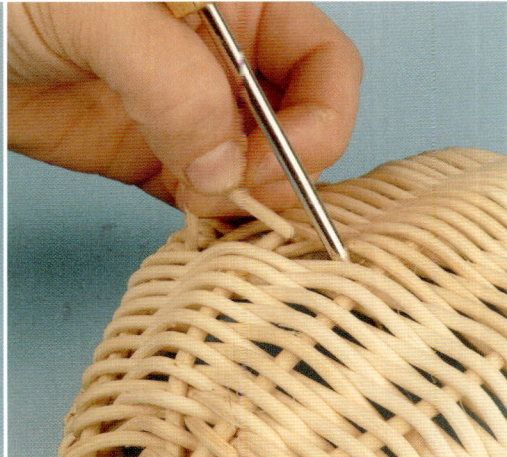

Peddigrohr-Projekte

Der weiße Korb mit Bogenrand auf dem Foto links und das Stiftekörbchen sind typische Anfänger- und Kinderkörbe. Sie sind einfach und rund und können schon von Kindern der ältesten Kindergartengruppe geflochten werden, wenn sie in der Lage sind, etwa zwanzig bis dreißig Minuten an einer Aufgabe dran-zubleiben. Manchmal ist es sinnvoll, dass die Kinder die vorgeweichten Staken durch die Löcher im Boden stecken, aber die Erwachsenen das Umbiegen unten übernehmen. Ansonsten ist das Flechten kinderleicht.

Ein einfaches Füßchen als Stakenverbindung mit dem Holzboden, eine geringe Stakenanzahl, das Einer-geflecht nach oben und ein Bogenrand machen die niedrigste Schwierigkeitsstufe aus. Die Staken sind bewusst kurz gehalten, um das Erlernen des Flechtens einfacher zu machen.

Weißer Korb mit Bogenrand

In den kleinsten runden Holzboden mit 8 cm Durch-messer werden neun Staken à 25 cm Länge mit 3 mm Stärke durch die Löcher im Boden gesteckt und mit dem einfachen Füßchen verbunden, siehe Seite 11.

Der Korb kommt mit 14 Runden weißem Einergeflecht (siehe Seite 18) mit Peddigschiene der Breite 5 mm auf eine Gesamthöhe von 11 cm inklusive Bo-gen. Dieser einfache Bogenrand (siehe Seite 29) wird vor der jeweils nächsten Stake eingesteckt.

Selbst wenn Kinder geringere Höhen erreichen, sollte dies als Erfolg gesehen und gefeiert werden.

Stiftekörbchen

Für diesen Korb werden in einen runden Holzboden mit ebenfalls 8 cm Durchmesser neun Staken mit je 30 cm Länge eingesteckt und unten mit dem einfachen Füßchen verbunden. Er kommt mit mehr Runden auf die gleiche Höhe von 11 cm, da das runde Peddigrohr 2 mm dünner ist als die Schiene. Hier werden 14 Run-den Einergeflecht mit weißem Faden und als Muster vier Runden Einergeflecht mit brauner Peddigschiene der Breite 5 mm gefertigt.

Der Rand ist der doppelte Bogenrand, siehe Seite 29. Die Stakenenden werden jeweils vor der übernächsten Stake eingesteckt, da man sie nicht einfach abschnei-den soll, um ein Auftrennen des Korbes zu vermeiden. Mit einem höheren Bogenrand kommt man schnell auf größere Höhen.

Herzkorb

Die nächste Schwierigkeitsstufe erreichen Sie, wenn Sie „unrunde" bzw. speziell geformte Bodenplatten als Korbgrundlage nehmen. Die Herzkörbe sind etwas schwieriger zu flechten, aber besonders die Mädchen lieben sie. Ohne vorbereitende Übung sind sie für Kinder ab acht Jahren geeignet, bei einem gewissen Durchhaltevermögen auch schon früher. Das Anferti-gen dieses Korbes benötigt mindestens ein bis zwei Stunden.

Der Herzkorb erreicht eine Höhe von 7 cm. Der Herz-boden ist ca. 15 cm lang und 14 cm breit. So ergibt sich auch für den Korb an der weitesten Stelle oben eine Breite von etwa 14 cm.

Mit dem einfachen Füßchen unten und den tiefer-gelegten Bögen kommt dieser Korb mit 23 Staken à 18 cm Länge aus. Das bedeutet, für diesen Korb werden pro Runde etwa zweieinhalbmal so viele Ar-beitsschritte mit entsprechender Arbeitszeitverlänge-rung fällig gegenüber den beiden anderen Körben. Die Arbeitszeit ist direkt proportional zur Stakenanzahl und wächst noch zusätzlich, wenn die Staken wegen der Form sehr eng stehen sollen wie bei diesem Korb.

Der Korb wurde geflochten mit sechs Runden Einerge-flecht weiß, acht Runden Einergeflecht mit brauner, 5 mm breiter Peddingschiene und vier Runden Einerge-flecht weiß.

Der einfache Bogenrand ist direkt auf das Geflecht gedrückt („tiefergelegt"), dadurch wird der Korb nicht so hoch.

Zum Ansetzen von Peddigschienen beachten Sie die Skizze unten. Die glatte, halbrunde Seite der Schiene kommt nach außen. Die Schienen sollten nicht ver-dreht werden.

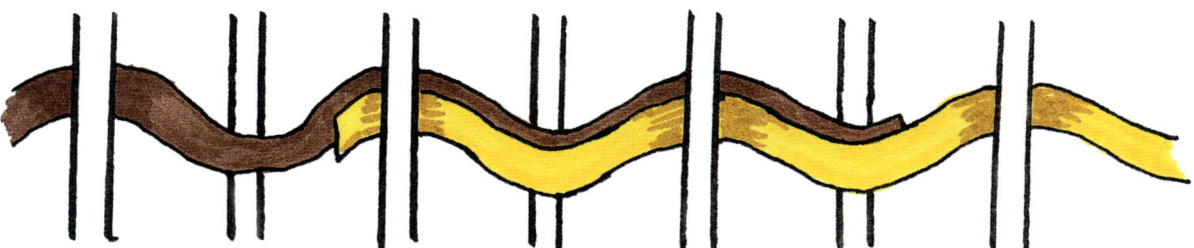

Körbe müssen nicht immer nur aus Peddigrohr sein. Als ich auf der Suche nach einer passenden bunten Ergänzung für Peddigrohrkörbe im Bastelgeschäft war, gefiel mir neben dem Schleifenband auch das sogenannte Scoubidouband aus Kunstfaser. Daraus entstand die Idee für einen neuen Korb, der in allen erhältlichen Farben möglich ist.

An diesen Körben sehen Sie drei verschiedene Kippränder – den Kipprand über zwei am Scoubidoukorb, den Kipprand über drei am braunen Kelch und den Kipprand über vier nach links gelegt am rosa Herz-Kirschen-Korb.

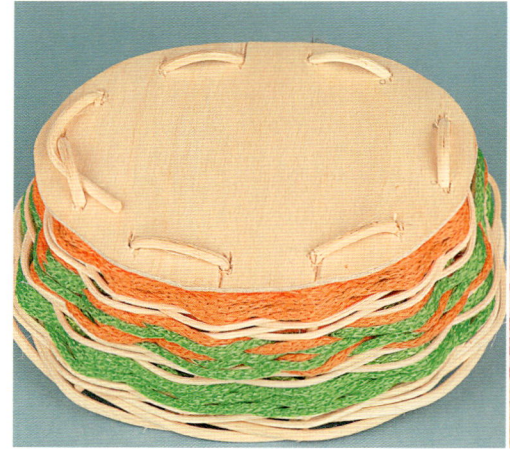

Scoubidoukorb

Der ovale Holzboden mit den Maßen 12 cm x 9 cm zeigt eine ganz einfache Methode, die Staken mit dem Holzboden zu verbinden. 6 Staken à 35 cm Länge werden mit beiden Enden durch zwei benachbarte Löcher gezogen. Auf der unteren Seite hält diese U-Form den Holzboden fest. Wegen der ungeraden Stakenanzahl wird eine Stake à 22 cm Länge mit ihrem Ende durch einen U-Bogen auf der unteren Seite geführt und so fixiert.

Auf jeweils zwei Runden mit den normalen Peddigfäden kann meiner Ansicht nach nicht ganz verzichtet werden, da die starken 3 mm-Staken von den weichen Scoubidoubändern sonst nicht ausreichend gehalten werden.

Der Korb wird im Zweiergeflecht gearbeitet, siehe Seite 19. Nach fünf Runden mit orangefarbenem Scoubidou folgen zwei Runden mit weißem Peddigrohr. Fünf Runden lang werden Orange und Grün im Zweiergeflecht geführt, hier verschieben die Farben sich aufgrund der ungeraden Stakenanzahl. Es folgen zwei Runden weißes Peddigrohr, fünf Runden grünes Scoubidou und zwei Runden weißes Peddigrohr als Festigung vor dem Abschluss. Als Randabschluss oben wird in 6 cm Höhe ein Kipprand über zwei gefertigt, siehe Seite 11 und Seite 30.

Brauner Kelch

Der braune Kelch baut auf einem runden Holzboden mit 9 cm Durchmesser auf. Mit 11 Staken à 28 cm Länge wird ein einfaches Füßchen gefertigt, siehe Seite 11. Dann werden 20 Runden Einergeflecht (Seite 18) in Braun nach innen geformt. Auf den letzten Runden werden die Staken gerade hoch gerichtet.

Es folgen vier Runden Dreiergeflecht (Seite 20) locker geflochten mit drei Fäden aus Schleifenband in Orange, Gelb und Naturweiß.

Da die Stakenanzahl nicht durch drei teilbar ist, verschiebt sich das bunte Muster schräg nach oben. Die Stakenbiegung zu ändern, ist aufgrund der Weichheit der Bänder schwierig bis nicht möglich.

Mit 20 Reihen im Einergeflecht in Braun wird der Kelch wieder nach außen geformt. Der Kipprand über drei (außen – innen – außen; vgl. Seite 31) bildet in 12 cm Höhe den Randabschluss.

Herz-Kirschen-Korb

Das Schleifenband lässt sich nicht ganz einfach verflechten, sondern verlangt etwas Fingerspitzengefühl. Wenn man es etwas zu weit nach unten drückt, muss man es wieder nach oben aufrichten.

Der Herz-Kirschen-Korb auf herzförmigem Holzboden (ca. 15 cm x 14 cm) ist mit 16 cm Abstand an der weitesten Stelle etwas größer als der Herzkorb auf Seite 55. Mit 22 Staken à 23 cm Länge wurde eine gerade Stakenanzahl gewählt. Damit kommen im Zweiergeflecht die hellrosa und dunkelrosa Fäden übereinander zu liegen, es entsteht ein Blockmuster, siehe Seite 19.

Nach drei Runden mit weißem Peddigrohr wird vier Runden lang das Zweiergeflecht mit dem hellrosa und altrosa Schleifenband gefertigt. Dabei wurde das Schleifenband zusammengeschoben, damit es eine eigene wellenförmige Struktur bildet.

Nach drei Runden im Zweiergeflecht in Weiß wird der Kipprand über vier gefertigt (Seite 32) und zur Veranschaulichung des linkshändigen Flechtens nach links abgekippt. Insgesamt wird eine Korbhöhe von 6 cm erreicht.

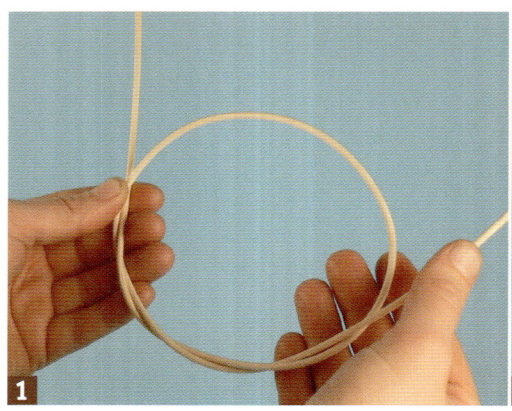

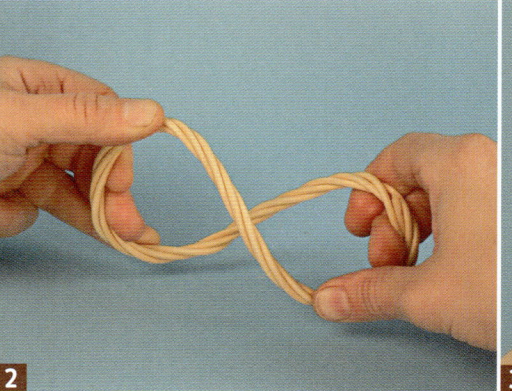

Ringe und Reifen

Ringe sind die Grundlage für Rahmenkörbe und Dekorationen. Für einen Ring sollte der Faden mindestens so lang sein wie der dreifache Umfang des Ringes.

1 Als erstes wird eine Schlinge gelegt wie beim Beginn eines Knotens. Danach winde ich die Enden im gleichen Abstand zwei Runden um die Schlinge herum, bis die Enden sich wieder treffen. Als Grundlage für einen Rahmenkorb reicht die zweifache Windung um die Schlinge, also insgesamt drei Runden.

2 Durch die Drehung des Fadens in immer dieselbe Richtung verformt sich der Ring. Damit er wieder in Form gebracht wird, muss er stark in die Gegenrichtung überbogen werden. Dies können und sollen Sie genauso rabiat und gewaltsam tun, wie Sie es auf dem Foto sehen. Im feuchten Zustand können aus dem Ring auch andere Formen gebogen werden.

3 Überstehende Fadenenden werden nach dem Biegen entlang der Außenkante des Ringes abgeschnitten.

4 Wenn aus dem Ring ein Reif geflochten werden soll, wird ein neuer Faden in gegenläufiger Richtung angelegt und in gleichmäßigen Windungen um den Ring geführt. Im zweiten Umgang läuft der Faden neben dem ersten, immer auf derselben Seite bleibend. Ich empfehle sechs bis acht Umgänge.

Tipp: Damit sich die Fäden nicht verkreuzen, gehe ich dem neuen Faden mit dem Daumen nach und führe ihn.

5 Der endende Faden wird unter die letzte Schicht gesteckt. Dazu schneiden Sie den Faden schräg ab und vergrößern das Loch mit dem Vorstecher.

6 Dann stecken Sie den Faden unter die letzte Schicht. Während des gesamten Vorgangs ist es notwendig, den Faden (hier mit dem linken Daumen) festzuhalten, damit sich die letzten Wicklungen nicht lösen.

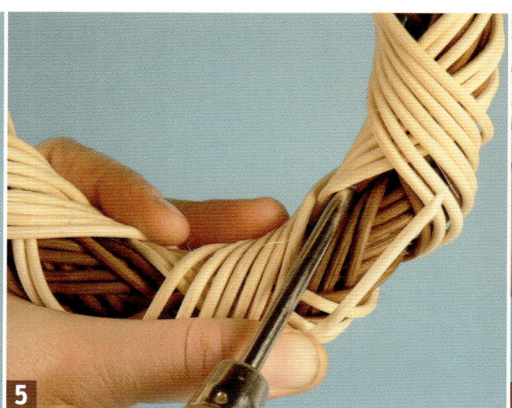

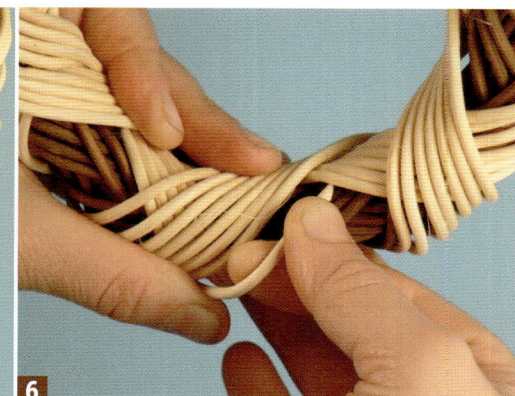

Soll der Reif im Durchmesser wachsen, ist nicht die Anzahl der Umgänge entscheidend, sondern die Anzahl der Schichten. Für jede neue Schicht müssen sie die Fäden der bisherigen Richtung entgegengesetzt ansetzen.

Da der innere Umfang kleiner als der äußere ist, liegen die Fäden außen immer lockerer.

Tipps: Um Material zu sparen, können die ersten Schichten lockerer gewunden werden. Es reichen drei Umgänge aus. Um einen Styroporreifen aus dem Bastelladen herumzuwickeln, spart viel Zeit und Peddigrohr und damit speziell bei größeren Reifen auch Kosten.

Die Reifen auf dem Foto wurden von oben nach unten folgendermaßen gefertigt:

Der große weiße Reif verfügt über acht Umgänge und ist regelmäßig belegt. Er hat einen Durchmesser von 23 cm und besteht aus 160 g 3 mm starkem Peddigrohr.

Der dünne braune Reif verfügt über drei Umgänge und ist durch seine Schlankheit auch als Unterlage geeignet. Er hat einen Durchmesser von 18 cm und besteht aus 40 g 3 mm starkem Peddigrohr.

Der kleine weiß-braune Reif verfügt über sieben Umgänge und ist unregelmäßig belegt. Er hat einen Durchmesser von 17 cm und besteht aus 80 g 3 mm starkem Peddigrohr.

Die Idee, getöpferte Tonschalen als Korbböden zu nehmen, stammt von Kursteilnehmerinnen aus dem Frauenbegegnungszentrum in Markleeberg bei Leipzig. Der Vorteil: Wasser und Erde bleiben in der Schale und können gut ausgewischt werden. Wenn Sie die Schalen und Tonperlen selbst töpfern, stechen Sie die Löcher groß genug für das Peddigrohr und beachten Sie dabei auch den Schwund des Tons beim Brennen. Meine Löcher sind 5 mm im Durchmesser für 3 mm-Staken und 6 mm im Durchmesser für 4 mm-Staken. Die Tonperlen fertigen Sie passend zu ihrem Korbprojekt nach Geschmack an. Eine gerade Reihe Ton- oder Holzperlen sieht auf einem geraden Übertopf auch gut aus.

Übertopf mit Perlen

Die blau glasierte Tonschale mit dem Durchmesser 9 cm oben ist unregelmäßig wellenförmig geformt. Neun Staken à 55 cm Länge werden U-förmig in die Tonschale eingesetzt, wie auf nebenstehendem Foto zu sehen. Das ergibt oben 18 Stakenenden. Zu einem wellenförmigen Geflecht passt am besten das Zweiergeflecht, siehe Seite 19. Dabei drehen sich die Fäden umeinander und können also nicht auseinander gezogen werden wie beim Einergeflecht. Das Dreiergeflecht (Seite 20) wäre spannend für Wellen an größeren Körben, bei diesem kleineren Korb mit den extremeren Hoch- und Tiefwellen erschien mir das Dreiergeflecht zu langsam durch seine Fadenbewegung außen um zwei.

Bei den Tonschalen können Sie die Stakenverbindungen genauso fertigen wie bei den Holzböden auf Seite 11. Entweder Sie arbeiten mit dem einfachen Füßchen oder Sie nehmen die Wandstaken doppelt so lang und setzen sie U-förmig in die Tonschale ein. Wenn Sie mit einer ungeraden Lochanzahl arbeiten wollen, stecken Sie wie beim Scoubidoukorb auf Seite 56 die einzelne kürzere Stake zur Befestigung unter einem Bogen durch.

In die insgesamt 20 Runden Zweiergeflecht werden die getöpferten Perlen an verschiedenen Stellen im Korb einzeln oder nebeneinander eingeflochten. Dadurch ergibt sich das wellenförmige Muster.

In 12 cm bis 14 cm Höhe ist der Korb auf 16 cm Durchmesser angewachsen.

Der kleine Zopfrand mit innen und außen jeweils zwei nebeneinanderliegenden Staken wirkt ebenfalls wellig und passt deshalb besonders gut auf diesen welligen Korb. Er kann durch Weglassen des dritten Schrittes wie der Beginn des großen Zopfrandes gefertigt werden. Dies wird auf Seite 44 beschrieben.

Übertopf mit purpurrotem Kokosfaden

Die grau glasierte Tonschale mit 14 cm Durchmesser hat oben einen geraden und gleichmäßigen Abschluss. Die Wand ist hoch gestellt, dadurch kommen die Staken zuerst nach außen aus den Löchern heraus. Das eignet sich vor allem für nach außen wachsende Geflechte und bauchige Formen, wie bei diesem Korb gezeigt.

Hier wird erstmalig mit dickerem Material geflochten, das für gröbere und größere Körbe gedacht ist. Acht Staken mit Durchmesser 4 mm und 55 cm Länge werden U-förmig in die Tonschale eingesetzt. Das Material zum Ausflechten sind die 3 mm-Peddigfäden, die bisher als Staken gedient haben. Erst kommen jeweils im Zweiergeflecht, siehe Seite 19, acht Runden weißes Peddigrohr (3 mm stark), dann vier Runden roter Kokosfaden aus dem Bastelgeschäft, dann sieben Runden weißes Peddigrohr (3 mm stark). In 12 cm Höhe ist ein Durchmesser von 20 cm erreicht. Beendet wird mit dem einfachen Flechtrand hinter eins vor zwei (Ende innen), der, wie auf Seite 37 erläutert, in zwei einzelnen Schritten gefertigt werden kann.

Körbe sind hervorragend als Blumenübertöpfe geeignet. Es ist ratsam, sie mit Plastikfolie auszuschlagen, so können das Gießwasser und die Erde das Geflecht nicht verschmutzen. Die Folie können Sie auch festnähen, denn man kommt mit Nadel und Faden in möglichst passender Farbe gut zwischen den Lücken im Geflecht hindurch.

Bubikopf-Übertopf

Dieser eher bauchige Korb verlangt nach einer rundlichen Füllung wie dem Bubikopf. Bauchig bedeutet, dass die Staken unten nach außen zeigen, in der Mitte gerade hoch und am Schluss nach innen. Dagegen stakst der Korb mit der Effektwolle eindeutig mit den Wollspitzen nach außen und macht sich daher gut mit dem hoch herausragenden Lavendel. Dies sind Gestaltungsbeispiele für die Wechselwirkung von Korbinhalt und Korbform. Oder, anders ausgedrückt, ich kenne keinen selbst geflochtenen Korb, der nicht seinen Inhalt gefunden hätte.

Der Bubikopf-Übertopf hat einen selbst geflochtenen runden Boden, der ausführlich auf den Seiten 13 und 14 erklärt wird. Das Einstecken der Wandstaken finden Sie auf Seite 17. Die Wandstaken müssen Sie nach dem Hochbiegen sehr weit nach oben binden, um die bauchige Form zu erhalten. Bauchig bedeutet, dass die Staken unten nach außen zeigen. Nach zwei bis drei Runden im Zweiergeflecht (siehe Seite 19) lösen Sie den Faden oben und drücken die Staken unten erneut auseinander. Nach den ersten fünf Runden im Zweiergeflecht nach außen biegen Sie die Staken mehr nach oben.

Das Muster hat in der Mitte fünf Runden Zweiergeflecht mit einem braunen und einem weißen Faden im Zweiergeflecht mit einer geraden Stakenanzahl. Dies wird eingeschlossen von jeweils fünf Runden Zweiergeflecht mit zwei weißen bzw. braunen Fäden.

Durch die gerade Stakenanzahl und das Zweiergeflecht mit zwei verschieden farbigen Fäden liegen

die Farben immer wieder übereinander. Nach fünf Runden kommt der weiße Faden übereinanderliegend als Blockmuster zum Vorschein, siehe Seite 19.

Der Korb ist 12 cm hoch und hat oben einen Durchmesser von 18 cm. Als Randabschluss fertigen Sie einen Flechtrand hinter eins vor eins (Ende außen mit Zusatzfaden), siehe Seite 36.

Übertopf mit Tuch

Als eines meiner Lieblingstücher einige Löcher hatte, erhielt es kurzerhand in diesem Blumenübertopf ein zweites Leben. Mit dem Zweiergeflecht, siehe Seite 19, wird das Tuch gedreht und die Löcher damit quasi „unsichtbar". Das Tuchmuster im Zweiergeflecht beginnt, indem das Tuch in zwei gleichen Hälften wie eine Schlaufe um eine Stake gelegt wird. Unten fünf Runden Peddigrohr im Dreiergeflecht (Seite 20) und oben acht Runden Dreiergeflecht umschließen das Tuch.

Als weitere Besonderheit werden in diesem Korb die acht Bodenstaken auf 56 cm Länge geschnitten und nach Fertigung des Bodens als Wandstaken weitergeführt. Dazu wird eine zusätzliche Stake, 30 cm lang, in den Boden zugesteckt. Diese Technik ist bei kleineren Körben mit kürzeren Randabschlüssen gut machbar, siehe Seite 27.

Der Korb hat einen Bodendurchmesser von 12 cm, eine Höhe von 12 cm und den noch relativ kurzen Flechtrand hinter eins vor zwei, Ende außen, siehe Seite 38.

Übertopf mit Effektwolle

Der Holzboden mit dem Durchmesser von 15 cm wird durch das Füßchen aus Peddigrohr überdeckt (siehe Seite 12). Dazu werden 25 Wandstaken à 60 cm Länge eingesteckt.

Der Korb erreicht eine Höhe von 15 cm und einen Durchmesser von 19 cm. Als Geflechtarten sind unten zehn Runden Zweiergeflecht (Seite 19), danach 20 Runden Einergeflecht (Seite 18), 3 cm Muster mit Effektwolle und wieder zehn Runden Zweiergeflecht gefertigt.

Da die Effektwolle sehr dünn ist, habe ich sie vierfach genommen. Das Einergeflecht ist für dieses Muster wegen seiner einfacheren Handhabung sehr zu empfehlen.

Der Flechtrand hinter eins vor zwei (Ende außen, siehe Seite 38) als Grundlage wurde durch einen Zusatzrand verstärkt. Dabei gingen die außen abstehenden Enden in der Art eines Kipprandes unter die nächsten beiden Staken, über die dritte Stake und unter die vierte Stake zum Geflecht nach innen.

Übertopf mit Holzperlen

Die Holzperlen stammen aus den Autositzbezügen, die vor einiger Zeit modern waren. Sie haben genau die richtige Größe, um auf die 3 mm-Staken aufgefädelt zu werden. Wenn Sie herumfragen, finden Sie vielleicht noch solche Sitzbezüge, die Sie so hübsch wiederverwenden können. Wenn nicht, gibt es auch im Bastelgeschäft Holzperlen mit einem genügend großen Loch.

Bei diesem einfachen Korb bestehen die Boden- und Wandstaken aus derselben Stake. Er beginnt mit acht Staken à 55 cm Länge, siehe runder Boden Seite 13. Bei einem Bodendurchmesser von 10 cm und einer Wandhöhe von 10,5 cm hat er oben einen Durchmesser von 16 cm. Die Wand wird gebildet aus 16 Reihen im Zweiergeflecht unter und neun Reihen Zweiergeflecht über den Holzperlen, siehe Seite 19. Der Flechtrand hinter eins vor eins (Ende innen, auf Seite 34) zählt zu den einfachen Rändern und schließt den Korb ab.

Tipp: Das geradlinige Muster mit den Perlen ist wellenförmig variierbar wie beim Korb mit den Tonperlen auf Seite 61. Oder Sie fädeln wellenförmig mehrere Holzperlen übereinander, über denen Sie dann weiter flechten.

Übertopf mit Kokosfaden

Kokosfaden wird als wetterfester Naturstrick in der Garten- und Landschaftsgestaltung gebraucht, z. B. zum Anbinden von frisch gepflanzten Bäumen. Man erhält ihn in Gartenabteilungen. Die vier Runden im Einergeflecht (Seite 18) wirken sehr rustikal und sind auf die Höhe gelegt, in der der Blumentopf endet. So ist eine zusätzliche Sicherheit gegen Verschmutzung mit Blumenerde gegeben bzw. sie fällt nicht weiter auf.

Durch die weite Biegung nach außen kommt der Korb auf einen Durchmesser von 19 cm bei 10 cm Höhe.

Ein Füßchen (siehe Seite 12) aus braunem Peddig- rohr überdeckt den Holzboden von 12 cm Durchmes- ser. Dazu werden 19 braune Wandstaken mit je 40 cm Länge gebraucht.

24 Runden Einergeflecht mit weißem Peddigfaden unten und 18 Runden oben hört sich viel an, ist aber nicht viel. Es entspräche zwölf Runden bzw. neun Runden Zweiergeflecht (siehe Seite 18/19).

In einer Runde Einergeflecht dreht sich der Korb einmal, und der Faden läuft einmal herum. Dies bringt 2 mm Höhenzuwachs. Beim Zweiergeflecht sind es 4 mm, also das doppelte. Es ist trotzdem ein Trugschluss zu meinen, das Zweiergeflecht wäre „schneller" als das Einergeflecht. Das Gegenteil ist der Fall. Denn das Einergeflecht läuft über zwei Staken, der Korb dreht sich also doppelt so schnell wie beim Zweiergeflecht. Der Höhenzuwachs ist damit wieder ausgeglichen. Außerdem verdreht sich beim Zweiergeflecht der Faden ständig. Vorne am Korb wird eine Drehung aufgebaut, die hinten wieder herausgelassen werden muss. Das Entfitzen fällt beim Einergeflecht nicht an und macht es schneller. Deshalb empfehle ich, bei Zweier- und Dreierge- flecht die Flechtfäden auf halbe Länge zu kürzen, um schneller vorwärts zu kommen. Das Neuansetzen der Fäden geht viel schneller als das ständige Entfitzen.

Der Flechtrand hinter eins vor eins (Ende außen) beendet den Korb und wird auf Seite 35 erklärt.

Schiefer bunter Übertopf

Dieser ursprünglich gleichmäßig kelchförmig geflochtene Korb erhielt seine unregelmäßige Form ausschließlich durch das einmalige In-Form-Biegen im feuchten Zustand. Er zeigt, in welchem Maße Formänderungen bei Peddigrohr auch im Nachhinein möglich sind. An seinem Rand mit dem Durchmesser von 20 cm differiert die Höhe zwischen 7 cm und 14 cm. Was Sie nicht verändern können, ist der Durchmesser auf gleicher Höhe, da er durch den

Fadenumlauf festgelegt ist. D. h., schon geflochtene Teile weiter zu ziehen oder enger zu drücken geht nicht. Da hilft nur auftrennen und neu flechten.

Die Musterung entsteht durch das Dreiergeflecht (siehe Seite 20) von braunem mit rotem und grünem Peddigrohr. Da die Innenseite nach oben gebogen wurde, sehen Sie eine Flechtstruktur ähnlich dem Zweiergeflecht mit drei verschiedenfarbigen Faden- paaren. Es ist aber die Innenseite des Dreiergeflechts.

Bei solchen stark nach außen gehenden Körben müssen die Fadenenden sehr genau abgeschnitten werden. In diesem Fall habe ich, abweichend von der Regel, dass die Fadenenden innen sein sollen und an die Form des Korbes angepasst, die Fadenenden auf der unteren (äußeren) Seite liegen gelassen. Die neuen Fäden wurden neben die Stake in das Geflecht eingesteckt und damit quasi „unsichtbar".

Der Boden (siehe Seite 13) ist geflochten mit acht Bo- denstaken à 15 cm Länge bis zum Durchmesser von 12 cm. Dann wurden 16 Wandstaken à 50 cm Länge eingesteckt. Bei einer durch drei teilbaren Stakenan- zahl wäre dieses melierte oder spiralförmige Muster nicht aufgegangen.

Der Rand ist der Flechtrand hinter eins vor eins, die außen endenden Fäden wurden als Zusatzrand wieder nach innen gesteckt. Dies ist also ein Zweier- zuschlag, siehe Seite 36.

Körbe sind auch sehr gut als Vasen geeignet, dann muss man aber ein Glas in sie hineinstellen. Am besten messen Sie das Glas aus und fertigen den Korb in der Größe dazu passend an. Sie sollten außerdem darauf achten, dass das Glas herausgenommen oder das Blumenwasser zumindest so ausgekippt werden kann, dass es sich möglichst nicht in das Geflecht ergießt. Die drei hier gezeigten Vasen haben einen interessanten Schwung in der Stakenführung.

Vase mit „Schummel-Dreiergeflecht"

Die Besonderheit dieser Vase, links im Bild, ist der breite braune Streifen, der aussieht wie ein Dreiergeflecht, aber keines ist. Das so genannte Schummel-Dreiergeflecht ist vom Dreiergeflecht kaum zu unterscheiden. Es wird jedoch mit einem Faden gefertigt, der fortlaufend vor zwei Staken und hinter einer Stake geführt wird, siehe Seite 18. Dazu benötigen Sie eine nicht durch drei teilbare Stakenanzahl. Das Geflecht ist eigentlich ein Einergeflecht. Der Vorteil: die Fäden können sich nicht miteinander verdrehen. Der Nachteil: ganz so stabil wie ein Dreiergeflecht ist es dann doch nicht, die Drehung fehlt.

Die Vase hat in 14 cm Höhe den Durchmesser von 14 cm erreicht. Der Bodendurchmesser ist 8 cm, acht Staken für den Boden und gleichzeitig die Wand werden mit einer Länge von 66 cm abgeschnitten, siehe Seite 13 und Seite 27. Der Flechtrand hinter eins vor zwei, Ende außen (siehe Seite 35) beendet die Vase.

Große Vase mit Bogenrand-Kreation

An dieser Vase wurden die Bodenstaken besonders eng gesetzt, um oben einen engmaschigen Bogenrand zu ermöglichen. Ähnlich wie beim Flaschenboden auf Seite 85 werden die zwölf Bodenstaken aufgebogen. Im Zweiergeflecht geht es erst um die Sechsergruppen, dann um zwei Dreiergruppen, dann wird vereinzelt bis zu einem Bodendurchmesser

von 11 cm. 24 Wandstaken mit 50 cm Länge werden zugesteckt.

Das blockförmige Muster entsteht durch die gerade Stakenanzahl und die Verwendung von zwei aufeinanderfolgenden Fäden (weiß und braun) im Einergeflecht (Beschreibung siehe Seite 18).

Unten werden nach der Anleitung auf Seite 20 zehn Runden weißes Dreiergeflecht und in der Taille sieben Runden Dreiergeflecht gefertigt.

Bei einer Höhe von 23 cm beträgt der Durchmesser oben 16 cm. Für den Rand werden Bogenränder über drei, fünf und sieben Staken miteinander kombiniert, vgl. Seite 29.

Vase mit grünen Streifen

Die beiden erhöhten Seiten entstehen durch keilförmiges Aufarbeiten, während die Staken gleichzeitig stark nach außen gebogen werden. Wie auf Seite 26 beschrieben wird hier mit weißem Faden zu jeder Seite ein Keil gefertigt, so dass diese elegante Form entsteht.

Der Detailausschnitt zeigt deutlich, wie Sie gleich dicke bzw. gleich starke Musterungen fertigen können. Der grüne Faden ist überall zwei Runden stark. Dieser so genannte Farb- und Musterwechsel befindet sich bei fortgeschrittenen Flechtern zwischen dem Anfang unten und dem Ende des Geflechtes oben immer im selben Stakenzwischenraum, damit der Korb und seine Muster an allen Stellen gleich hoch sind.

Der Durchmesser oben beträgt 10 cm bis 12 cm, die Wandhöhe 14 cm bis 16 cm.

Der Bodendurchmesser ist 8 cm. Acht Staken mit einer Länge von je 66 cm werden für Boden und Wand abgeschnitten, siehe Seite 13 und Seite 27.

Der einfache Flechtrand hinter eins vor eins, Ende außen, nach der Anleitung auf Seite 35 bildet den Abschluss.

Hängevase

Die vorne links liegende Vase ist eine Hängevase mit eingeflochtenem Reagenzglas. Sie ist 28 cm lang und hat einen maximalen Durchmesser von 10 cm.

Insgesamt werden neun Staken mit je 45 cm Länge gebraucht. Sie beginnen mit drei zusammengebunden Staken (ähnlich dem Füllhorn, Seite 24). Neben die drei Hauptstaken wird jeweils rechts und links eine Stake zugesteckt. Nach einigen Runden zum Festhalten werden die Staken kräftig auseinander gebogen. Später werden sie wieder zusammengebogen, so dass die fertige Form an eine Amphore erinnert.

Der Aufbau besteht aus braunem und weißem Einergeflecht, siehe Seite 18. Der Flechtrand hinter eins vor zwei, Ende außen (Seite 38) beendet das Stück. Man kann die Vase an einem Faden oder einer Lederschnur aufhängen.

Vase mit spitzen Blättern

Diese Vase wurde um eine an sich schon stark taillierte Glasvase herum geflochten.

Der Boden beginnt mit 8 Staken à 65 cm Länge, siehe Seite 13. Im Zweiergeflecht werden der Boden und die Wand bis zum Blätteranfang geflochten.

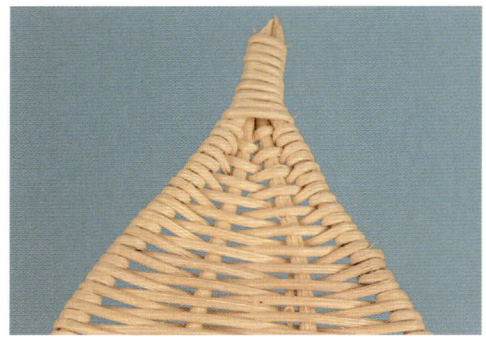

Die Blätter werden durch Hin- und Hergehen des Fadens im Einergeflecht, wie bei den Rahmenkörben auf Seite 52, ausgeflochten. An den Spitzen wurde der Faden verstochen, indem er mit Hilfe des Vorstechers unter die zwei letzten Runden gesteckt und fest angezogen wurde.

Sie können die spitzen Blätter auch nach der Füllhorntechnik an der Spitze beginnen, ähnlich wie bei der Hängevase. Dann flechten Sie nach innen und können das eine Fadenenden fest einwickeln und das zweite Fadenende im Geflecht verstecken. Dies ist aufwändiger, hat aber für die Haltbarkeit einige Vorteile.

Das hintere hochgestellte Blatt ist maximal 20 cm hoch. Die übrigen Blätter haben unterschiedliche Neigungswinkel, eines liegt fast waagerecht nach vorne. Am Schluss werden die Spitzen der Blätter schräg abgeschnitten. Das Wasser kann zwischen den Blättern ausgegossen werden.

Tipp: Um ein gleichmäßigeres Bild zu erreichen, wurde der Faden bei jedem Blatt um die rechten und linken Staken jeweils zweimal herumgeführt – entsprechend der Technik der Rahmenkörbe, Seite 50.

Vase mit runden Blättern

Diese Vase beginnt unten mit acht Boden- und Wandstaken mit je 60 cm Länge, siehe Seite 13. Sie erreicht eine Höhe von ca. 12 cm und oben einen Maximaldurchmesser inklusive Blütenblätter von 17 cm.

Der grüne Faden geht im Zweiergeflecht, siehe Seite 19. Die Musterung ist ebenfalls ein Zweiergeflecht mit jeweils zwei übereinander gelegten Fäden in Gelb und Orange.

1 Für die runden grünen Blätter werden die 16 Wandstakenenden in viermal vier Staken pro Blatt eingeteilt und gut gewässert. Die zwei mittleren Staken bleiben stehen. Die zwei äußeren Staken werden mit- und umeinander verschlungen. Entsprechend dieser Struktur legen sich auch die zwei mittleren Staken erst zueinander und dann weiter in der Furche nach außen bzw. unten.

1

2

3

2 Zwischen den beiden äußeren Staken wird im Einergeflecht hin- und hergehend geflochten in der Technik der Rahmenkörbe, vgl. Seite 52. Bei nur vier Staken ist das Ansetzen der Fadenenden schwierig.

Die meisten Fadenenden habe ich nach unten oder neben eine Stake in das Geflecht eingesteckt.

3 Um das Geflecht in der Mitte dichter zu bekommen, wurde der Faden manchmal keilförmig zwischen den

beiden inneren Staken hin- und hergeführt. Zuletzt wurde mit dem Vorstecher für die Fäden immer wieder der Weg gebahnt, bis das Blatt vollständig ausgefüllt war.

Eine etwas ungewöhnliche Anwendung sind diese hübschen Rasseln aus farbigem Peddigrohr. Leider ist dies kein Hörbuch, sie klingen nämlich ganz unterschiedlich. Zum Füllen habe ich kleine Glöckchen, Kieselsteine und Holzperlen genommen. Sie können auch getrocknete Bohnen oder Erbsen verwenden, müssen dann aber ziemlich fein flechten. Die Rasseln müssen vor der Fertigstellung befüllt werden.

Tipp: Bei den Rasseln wird das Flechten am Ende sehr eng und mühevoll. Sie helfen sich, indem Sie mit den Spitzen einer Rundzange nach innen greifen und die Fäden so herausziehen.

Henkelrassel

Die Henkelrassel beginnt mit sechs Bodenstaken mit je 55 cm Länge. Sie flechten bis zum Bodendurchmesser von 7 cm (siehe Seite 13) und biegen dann die zwölf Stakenenden nach oben. Die Rassel erreicht eine Gesamthöhe von 11 cm.

Die Farben scheinen bei dieser Rassel ineinander überzugehen. Nach dem roten Boden wurden vier Runden jeweils im Zweiergeflecht (siehe Seite 19) mit dunkelorangefarbenem Faden geflochten. Danach folgten zwei Runden mit einem dunkelorangefarbenen und einem hellorangefarbenen Faden, dann vier Runden mit Hellorange, dann zwei Runden mit einem hellorangefarbenen und einem gelben Faden, bevor ganz mit Gelb geendet wurde. Durch die jeweils zwei Runden mit gemischten Farben sind die weichen Übergänge entstanden.

Der Rasselkörper wird oben stark zusammengedrückt, so entsteht die spezielle Form dieser Rassel. Jeweils vier gegenüberliegende Staken wurden zusammengeführt, das heißt nebeneinander gelegt bzw. miteinander verschlungen. Ein Faden geht abwechselnd nach außen und innen und um die beiden außen stehenbleibenden Staken herum. Er füllt so die Lücke in der Mitte aus, bis kein Faden mehr hineinpasst.

Die beiden äußeren Stakenpaare werden zum Henkel verbunden, das heißt umeinander herum geführt. Der Henkel wird anschließend mit dem gelben Faden umwickelt. Zum Verstechen von Anfang und Ende dieses gelben Fadens schaffe ich mit dem Vorstecher oben Platz. Das geht immer noch, auch wenn Sie das Geflecht schon für sehr eng halten.

Stielrassel

Begonnen wird mit dem Boden in der Mitte des Kopfes mit sechs Bodenstaken mit je 55 cm Länge, siehe Seite 13. Durch ständige Richtungsänderung der zwölf Staken entsteht die rundliche Form. Die Gesamtlänge inklusive Stiel beträgt 20 cm.

Im Zweiergeflecht fertigen Sie sieben Runden mit gelbem Faden, vier Runden mit einem gelben und einem roten Faden, dann vier Runden in Rot, vier Runden mit einem roten und einem grünen Faden und vier Runden in Grün.

Inzwischen stehen die Staken schon enger als 1,5 cm beieinander, so dass sie sich gegenseitig behindern und nicht noch weiter zusammen können.

In den folgenden drei Runden in Grün werden jeweils zwei Staken zu einer Stake zusammengenommen und zusammen umflochten wie bei der Flasche auf Seite 85.

In den letzten vier Runden werden aus zwei Zweiergruppen jeweils Vierergruppen. Wenn diese nicht mehr enger zusammen können, ist Schluss.

Die Stakenenden werden mit braunem Peddigband eng eingewickelt. Zwischen den Umwicklungen kommt ein weißes Peddigband wechselweise nach oben und nach unten. Dies ist fester als die Umwicklung des Henkels am ovalen Tablett auf Seite 89, wo das Zierband nur alle drei Umwicklungen nach oben kam. Ein Rasselstiel, der ständig geschwungen wird, muss auch größere Kräfte aushalten. Die zwei längsten Stakenenden werden herumgebogen auf die andere Seite des Stiels und bilden so eine Öse, die mit eingebunden wird. Die braune und weiße Peddigschiene werden nach dem Verstechen nach innen in den Rasselkopf weggesteckt.

Bananenrassel

Die Länge zwischen den Eckpunkten beträgt 20 cm, die äußere Bogenlänge 35 cm. Es werden wie beim Füllhorn, Seite 24, elf Staken mit der maximalen Länge von 35 cm gebraucht.

Der Beginn, das Aufbiegen und das Formen der Wand mit dem gelben Faden sind wie beim Füllhorn. Danach binden Sie die freien Staken oben bananenförmig zusammen und beginnen mit einem zweiten gelben Faden von der anderen Seite. Damit ist die Bananenform festgelegt. Formänderungen sind danach nicht mehr möglich.

Das Schließen der Öffnungen erfolgt wieder abwechselnd von beiden Seiten durch das keilförmige grüne Geflecht. Mit dem orangefarbenen Faden werden die letzten Öffnungen zugeflochten. Je nach Stakenverlauf muss teilweise an dieser Stelle nochmals ein Keil gesetzt werden. Die Geflechtart für die Bananenrassel ist das Einergeflecht, siehe Seite 18.

Rahmenkörbe werden in einer speziellen Technik gefertigt. Wie der Name schon sagt, werden sie sozusagen in einen Rahmen hineingeflochten. Der runde Rahmenkorb vom Titelbild mit dem braunen, ganzen Gottesauge wird auf den Seiten 50 bis 53 ausführlich beschrieben. Bitte lesen Sie diese Beschreibungen zur Rahmentechnik, bevor Sie die Körbe nachflechten.

Um die Rahmen stabiler zu machen, sind die Ringe für diese Modelle alle mit 4 mm-Stakenmaterial gewickelt.

Ovaler Rahmenkorb

Für den ovalen Rahmenkorb links im Bild wurde ein ovaler Ring von 23 cm Länge und 19 cm Breite geformt, dazu passend für den Henkel ein senkrechter Ring von 21 cm Höhe und 16 cm Breite. Beide Ringe wurden mit Bast vorgeheftet.

Anschließend werden sie mit einem halben Gottesauge in Weiß verbunden: Um die Anfangsfestigkeit meines Flechtfadens zu erhalten, schlage ich ihn in der Furche des Ringes zwei volle Drehungen zurück. Er hält durch die Reibung und wird später mit eingeflochten. Zuerst werden beide Ringe mit dem Faden kreuzweise verbunden. Danach wird der Faden im Einergeflecht, siehe Seite 18, im Wechsel außen und innen geführt wie auf Seite 52 erläutert. Er führt auf beiden Seiten zweimal um den Außenring, in die Gegenrichtung, am unteren Ring vorbei und erneut zweimal um den anderen Außenring usw. Auch das halbe Gottesauge verbindet beide Ringe zu einem festen Gerüst wie das ganze Gottesauge. Während das ganze Gottesauge um alle vier Schenkel läuft, lässt das halbe Gottesauge eine Seite aus und geht über drei Schenkel.

In das halbe Gottesauge werden vier Speichen mit je 27 cm Länge von beiden Seiten eingeklemmt. Dazu werden sie an den Enden angeschrägt.

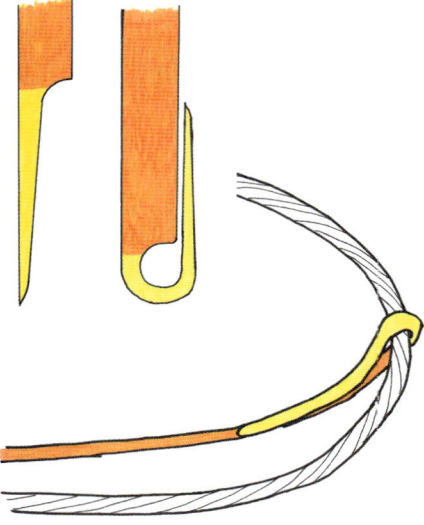

Von beiden Seiten werden jeweils 14 Runden mit einem Faden hin und her geflochten. Danach werden neben die Rahmen insgesamt vier Speichen à 18 cm Länge eingefügt. Sie schließen die mittlere Öffnung mit etwa 38 Runden, teilweise mit Keilen.

Runde Rahmenschale

Sie fertigen einen Ring mit dem Durchmesser 18 cm. Die fertige Schale hat eine Höhe von 10 cm. Als erstes setzen Sie die 46 cm lange Mittelstake ein. Diese 46 cm ergeben sich aus 30 cm Länge der Staken zwischen den Schalmen und jeweils 8 cm Schalmlänge. Ein Schalm ist wie auf der Skizze oben zu sehen ein langgezogener Schnitt, mit dem die Breite des Peddigrohres verringert wird. Dadurch ist das Rohr biegsamer und lässt sich besser um den Rahmen herum führen. Der Schalm wird nach der Ausführung der Biegung mit Bast am Ring befestigt.

Damit haben wir wieder die drei Schenkel für das halbe Gottesauge. Das halbe Gottesauge beginnt wie beim ovalen Rahmenkorb beschrieben. Da die Mittel-

stake über den Schalm fest mit dem Ring verbunden ist, entfällt jedoch das kreuzweise Festbinden zu Beginn.

Sie setzen nun vier angeschrägte Speichen mit 27 cm Länge beidseitig in das halbe Gottesauge ein. Danach fertigen Sie zwölf Runden Einergeflecht. Da die Abstände zwischen den Staken mit der Zeit zu groß werden, stecken Sie zwei Speichen mit 25 cm Länge jeweils neben die Mittelstake zu und flechten wieder beidseitig zwölf Runden. Da die Stakenabstände weiter wachsen, drücken Sie die vorletzte Stake Richtung Ring und stecken nun zwei Speichen auf die vorletzte Position vom Ring aus gesehen zu. Dann schließen Sie die mittlere Öffnung mit 24 Runden und teilweise mit Keilen.

Elliptische Rahmenschale

Grundlage für die elliptische Rahmenschale ist ein elliptischer Ring mit 22 cm Länge und 16 cm Breite. Wie bei der runden Rahmenschale beschrieben, setzen Sie die 39 cm lange Mittelstake mittig über die lange Seite des Ringes ein. Dabei sind 25 cm für die Stake gedacht und jeweils 7 cm für den Schalm.

Analog zur runden Rahmenschale beginnen Sie wieder mit dem halbem Gottesauge, in das alle vier Speichen mit je 22 cm Länge gesteckt werden. Sie flechten von beiden Seiten her 18 Runden. Danach setzen Sie neben die letzte Stake vor dem Ring eine zweite 4 mm dicke Stake als Griffverstärkung

zur leichteren Umholung ein. Die Fäden, die bisher zweimal um den Ring geführt wurden, werden nun zweimal um den verstärkten Griff geführt. Danach schließen Sie die mittlere Öffnung mit 20 Runden Einergeflecht.

Tipp für Fortgeschrittene: Viel Zeitersparnis ist möglich, wenn Sie mit längeren Speichen beginnen und diese freihändig führen. Allerdings ist dazu eine

gute Beherrschung der Stakenbiegung Voraussetzung. Dabei halten Sie den Rahmen hochkant und führen die Fäden über die noch frei beweglichen Speichen an ihren Platz. Der Faden muss nur noch um den Rahmen durchgezogen werden. Sie beenden, indem Sie die Speichen auf der noch offenen anderen Seite fixieren.

Eine ausführliche, detailliert bebilderte Anleitung zum Füllhorn finden Sie auf den Seiten 24 und 25 sowie auf der Seite 26, Keil setzen.

Tipp: Wenn Sie an ein Füllhorn einen Griff oder Henkel anbringen wollen, verschiebt sich je nach deren Stellung der Schwerpunkt. Das Füllhorn kann in unterschiedlichen Stellungen hängen. Probieren Sie es aus.

Großes Füllhorn

Dieses Füllhorn misst an seiner langen äußeren Seite 54 cm, während die innere kurze Seite 30 cm lang ist.

Sie beginnen mit elf Staken der Stärke 4 mm mit 75 cm Länge. Um besser in die Lücken zu kommen, fertigen Sie den Beginn bis zum Ende des Aufbiegens der Staken mit einem 2 mm-Faden. Danach folgen mit dem stärkeren 3 mm-Faden zwei vollständige Keile und 24 Runden Einergeflecht, siehe Seite 18. Da die Abstände zwischen den Staken größer als der Grenzwert von 6 cm (für 4 mm dicke Staken) werden, stecken Sie zehn neue 4 mm-Staken mit je 40 cm Länge neben die alten Staken ins Geflecht. Sie biegen diese Staken stark auseinander und lassen 24 Runden Einergeflecht folgen. Ein vollständiger Keil aus braunen 3 mm-Fäden sowie sechs Runden Einergeflecht beenden das Füllhorn.

Der erste Schritt des Füllhornrandes beginnt wie der Flechtrand hinter eins, Seite 34, Schritte 1 und 2. Jede Stake wird nach innen hinter die nächste und vor der übernächsten nach außen geführt (die letzte kommt unter der ersten nach außen).

Der zweite Schritt (Zusatzrand) ist ein Kipprand über drei (vgl. Seite 31), der nach links geführt wird. Statt innen – außen – innen werden die Staken unten – oben – unten geführt, d. h. unter die nächste und über die übernächste, und enden unter der dritten Stake. Danach können sie abgeschnitten werden.

Gestreiftes Füllhorn

Die lange äußere Seite des gestreiften Füllhorns in der Bildmitte misst 39 cm, die innere kurze Seite 23 cm.

Im Unterschied zu den anderen beiden Füllhörnern beginnen Sie nicht mit elf, sondern mit nur drei Staken mit 50 cm Länge. So wird der Beginn spitzer. Die sechs neuen Staken sind nur unwesentlich kürzer und werden beidseitig neben die alten Staken ins Geflecht gesteckt. Dieses schlanke Füllhorn kommt mit neun Staken aus.

An den Flechtrand hinter eins, vor eins, Ende außen (siehe Seite 35) wird seitlich ein einfacher Griff aus 3 mm-Rohr angedreht, vgl. Seite 46.

Kleines Füllhorn

Beim kleinen Füllhorn mag die Reihenanzahl im Einergeflecht viel klingen, aber der Faden geht immer vor und hinter einer Stake, d.h. über zwei Stakengruppen auf einmal. Bei den ersten 20 Runden haben Sie mit einem Fadenschlag schon zwei Drittel einer Runde „erledigt", bei den folgenden 16 Runden kommen Sie mit zwei Fünfteln schon fast halb herum, wenn Sie den Faden einmal gelegt haben.

Das kleine Füllhorn beginnt wie das große Füllhorn mit elf Staken, bleibt aber dann bei dieser Stakenanzahl. Acht Runden werden die Staken zusammengebunden, dabei wird der Fadenanfang mit eingewickelt. Mit 20 Runden im Einergeflecht werden die drei Stakenbündel mit vier, drei und vier Staken auseinander gebogen. Es folgen 16 Runden, bei denen die Vierergruppen jeweils in zwei Zweiergruppen geteilt werden. Acht Runden wurden für die Aufteilung der mittleren Dreiergruppe in drei einzelne Staken gebraucht, und 24 Runden bis unter den braunen Keil. Dieser Keil besteht aus zwei hintereinander gefertigten ganzen Keilen, die voneinander durch zwei Reihen im Einergeflecht getrennt wurden. Man sollte diese zwei Keile nicht direkt hintereinander setzen, da die zwei Schlaufen dann übereinander liegen würden. Diese Situation wäre auffällig, da der Folgefaden eine zu große Lücke überspringen müsste. So überdecken die zwei Runden im Einergeflecht die Schlaufen, die damit unauffällig im Geflechtbild verschwinden.

Der Kipprand über fünf Staken (innen – außen – innen – außen, Ende innen, siehe Seite 32) ist der größte hier im Buch gezeigte Kipprand. Sie können aber nach den Beschreibungen jederzeit noch größere Kippränder fertigen, wenn die Stakenlänge am Ende ausreicht.

Ein großer Henkel aus 3 mm-Rohr beginnt mit einer Schlaufe am inneren Rand. Beide Fäden werden miteinander verdreht, zur Spitze geführt und dort verstochen. Dieser große Henkel wurde mit der Technik des angesetzten und um sich selbst verdrehten Griffes, siehe Seite 46, gefertigt. Die Drehung wurde einfach weiter fortgeführt, als es für einen Griff üblich ist. Trotzdem hält er ohne Probleme die zu erwartende Belastung.

Praktisch zum Aufbewahren von allerlei Utensilien nicht nur in der Küche sind die Wandhänger und die Hängeampel. Beide Wandhänger beginnen mit einem normalen runden Boden, siehe Seite 13. Bei Erhöhung des Stakenabstandes über 4 cm wurden zusätzliche Staken in den oberen Teil eingefügt. Die besondere unregelmäßige Form entstand, indem die Wandstaken nach Erreichen des Bodendurchmessers im unteren Teil und an der Seite stark nach oben und im oberen Teil weiter nach oben geführt wurden. Mit der Technik des Keiles, siehe Seite 26, wurde die Wand nach oben gezogen.

Weißer Wandhänger

Der Boden beginnt mit acht Staken mit je 55 cm Länge. Er wird im Zweiergeflecht (Seite 19) bis zu einem Bodendurchmesser von 18 cm gefertigt, siehe Seite 13. Dann werden die Wandstaken auf der unteren Seite angeknickt, stark nach oben gebogen und so festgebunden. Mit einem Faden wird ein vollständiger Keil auf der unteren Seite gesetzt, siehe Seite 26. Danach gehen zwei Runden Einergeflecht (Seite 18) um alle Staken, auch um die oberen. Wenn bei den oberen Staken der Stakenabstand größer als 4 cm wird, stecken Sie wie auf Seite 16 beschrieben jeweils eine neue Stake neben die alte nach unten ins Geflecht. Danach fertigen Sie einen neuen Keil auf der unteren Seite und lassen die Umrundungen unter den nächsten zwei Runden Einergeflecht verschwin-

den. Diesen Vorgang führen Sie so lange aus, bis Sie mit der Höhe der vorderen Seite zufrieden sind. Aus den überstehenden Staken formen Sie den Kipprand über drei (innen – außen – innen, siehe Seite 31) und flechten daran wie auf Seite 46 beschrieben einen einfachen verdrehten Griff.

Brauner Wandhänger

Der kleine braune Wandhänger braucht trotz seiner geringeren Abmaße gleich lange Staken wie der große weiße Wandhänger, da der Flechtrand hinter eins vor zwei (Ende außen, siehe Seite 38) einen längeren Weg zurücklegt als der Kipprand über drei. Sie beginnen mit acht Staken mit 55 cm Länge bis zu einem Bodendurchmesser von 12 cm und fahren fort wie beim weißen Wandhänger beschrieben.

Beenden Sie mit dem Flechtrand hinter eins – vor zwei, Ende außen (Seite 38) und fügen Sie einen verdrehten Griff an, der mit beiden Enden erneut umflochten wurde (Seite 47).

Hängeampel mit drei Schalen

Mit Bodendurchmessern von 10 cm, 13 cm und 17 cm, den daraus geflochtenen Schalen (Höhe 6 cm bis 7 cm) mit Schalendurchmessern oben von 16 cm, 20 cm und 25 cm ergibt sich eine Gesamthöhe der Hängeampel von 80 cm.

Sie verwenden jeweils acht Staken der Stärke 4 mm für Boden und Wand, flechten im Zweiergeflecht (Seite 19) mit 3 mm-Fäden und fertigen den Flechtrand hinter eins vor eins (Ende außen, siehe Seite 35).

Die Verbindungsringe wurden aus je 40 cm Peddigrohr in einer Stärke von 3 mm gefertigt und dreimal miteinander verschlungen. Beim Abschneiden der Enden legt sich das Werkzeug seitlich an den Ring und schneidet die überstehenden Enden bündig ab (Skizze 3). Die Ringe müssen beim Anfertigen jeweils ineinander gehängt werden. Dabei führen Sie das Peddigrohr durch den vorherigen Ring, verschlaufen die Enden miteinander wie auf der ersten Skizze und wickeln die Enden im gleichen Abstand um denselben Kreis. Dabei drehen Sie diesen Kreis stets weiter und ziehen die Enden dabei immer wieder durch den vorherigen Ring (Skizze 2). Um die Ringe an den Schalen zu befestigen, führen Sie das Peddigrohr unter dem Randabschluss durch, verschlaufen die Enden mit dem vorherigen Ring und winden die Enden dabei noch zweimal unter dem Randabschluss und durch den vorherigen Ring. Der nächste Ring geht wieder durch den vorherigen, der gerade unter dem Randabschluss war. Am Schluss führen Sie alle drei Ketten oben in einem Ring zusammen.

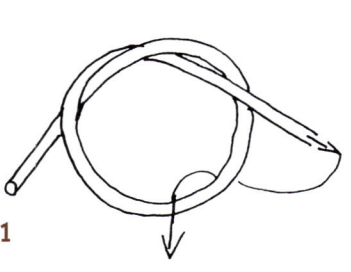

1

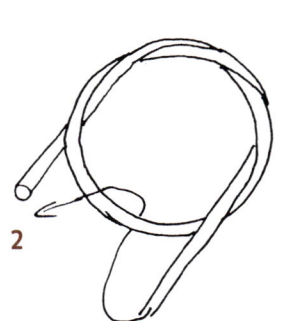

2

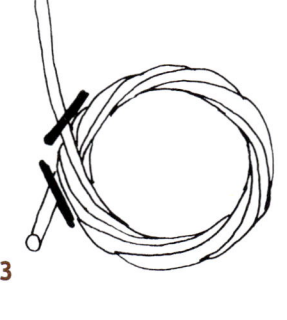

3

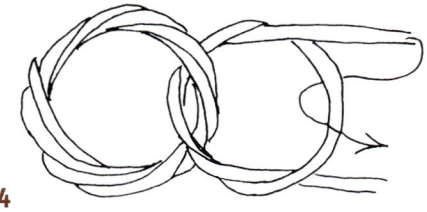

4

Besonders gut macht sich aus Peddigrohr Geflochtenes auch auf dem Tisch. Hier sehen Sie ein Tablett, einen Brotkorb, einen Untersetzer und Serviettenringe.

Serviettenringe

Sie bohren in einen Holzboden in einem Kreis mit 5 cm Durchmesser neun Löcher (mindestens 3,5 mm Durchmesser). Die neun Staken à 25 cm Länge werden durchgesteckt. Nach dem Fertigen des mittleren Geflechts werden die Ringe vom Holzboden abgezogen und der Flechtrand hinter eins vor zwei (Ende außen, siehe Seite 38) wird gearbeitet, siehe Foto unten links. Die Ringe haben durch den Rand außen einen Durchmesser von 6 cm und sind jeweils 3 cm bis 4 cm breit.

An den braun-weißen Ringen erkennen Sie ein meliertes oder spiralförmiges Geflecht, das im Zweiergeflecht mit einer ungeraden Stakenanzahl entsteht, vgl. Seite 19. Die farbigen Ringe wurden im Einergeflecht, siehe Seite 18, gefertigt.

Tablett

Die Größe des Sperrholzbodens ist 40 cm x 30 cm, die Höhe von 8 cm (bei den Griffen 10 cm) ist eine normale Tabletthöhe. Es wurden 50 Staken mit je 40 cm Länge geschnitten und unten ein einfaches Füßchen

gefertigt, siehe Seite 11. Da das Dreiergeflecht ein besonders stabiles Geflecht ist, wird es oft in Tabletts eingesetzt (hier über 15 Runden, siehe Seite 20).

Der eingearbeitete wellenförmige Griff wird auf Seite 46 beschrieben. In ihn wurden Holzperlen eingearbeitet.

Mit dem Zopfrand (vgl. Seite 43 und Fotos unten) mit innen drei und außen zwei Staken endet das Tablett: Nachdem drei Staken als Bündel außen liegen, wird – wie Sie auf den nebenstehenden Fotos sehen – die eine kürzere Stake (hier die erste weiße und die zweite rote) außen liegengelassen. Mit den zwei längeren Staken wird darüber nach innen weitergeflochten. Bei diesem Zopfrand enden alle Staken außen.

Untersetzer

Mit zwölf Staken à 50 cm Länge wird der Boden im Zweiergeflecht bis zu einem Durchmesser von 26 cm gefertigt, siehe Seite 19. Als Abschluss wird der Bogenrand vor die dritte Stake eingesteckt, vgl. Seite 29.

Brotkorb

Flechten Sie einen ovalen Boden mit acht Querstaken und drei Längsstaken mit je 4 mm Stärke bis zu einer Länge von 26 cm und einer Breite von 17 cm. Die

Länge des Spiegels ist 10 cm. Von der Berechnung eines ovalen Bodens auf Seite 15 ausgehend müssten Länge und Breite um die Spiegellänge von 10 cm differieren. Dabei wurde die Breite des Spiegels vernachlässigt, die mit drei Längsstaken à 4 mm Stärke 1,2 cm beträgt.

Am oberen Abschluss in 13 cm Höhe hat der Korb eine Länge von 32 cm und eine Breite von 26 cm.

Es werden 23 Wandstaken, 4 mm stark und je 40 cm lang, eingesteckt. Warum 23? Acht Querstaken plus drei Längsstaken mit je zwei Enden plus einer Zusatzstake, die allerdings beim Dreiergeflecht (siehe Seite 20) mit 2 mm-Fäden keinen besonderen Effekt hat.

Für das gekreuzte Muster stecken Sie neben jede Hauptstake rechts und links eine Hilfsstake, 3 mm stark und 11 cm lang ein. Die rechte Hilfsstake wird nach rechts und die linke Hilfsstake nach links zur Seite weggebogen und mit einer Wäscheklammer vorübergehend festgehalten. Der Zusatzrand als Abschluss wird auf Seite 42 und beim großen Füllhorn auf Seite 74 beschrieben.

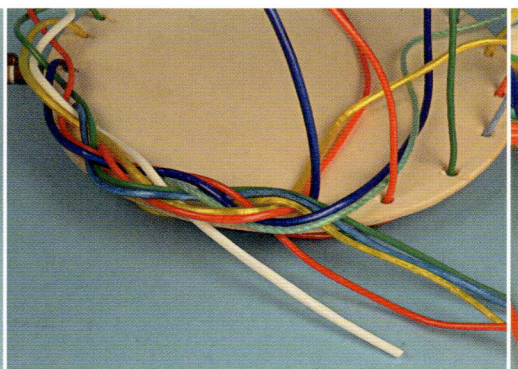
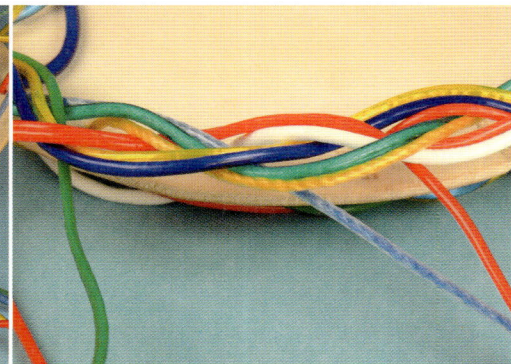

Peddigrohr ist im Handel auch schon gefärbt erhältlich, man kann es aber auch ganz einfach selbst farbig gestalten. Da Peddigrohr Wasser sehr schnell und gut aufnehmen kann, kann es nach dem Flechten mit allen handelsüblichen wasserlöslichen Beizen und Färbemitteln bemalt werden. Anschließend sollte ein Korblack oder ein Öl aufgetragen werden, um ein Abfärben zu vermeiden, siehe auch Seite 7.

Dose mit Überwurfdeckel

Diese drei Dosen haben verschiedene Deckelformen. Die Dose links im Bild wird mit einem Überwurfdeckel verschlossen, der außen auf der Dose aufliegt. Er ist größer als die Öffnung der Dose.

Die Dose ist ohne Deckel 14 cm, mit Deckel 20 cm hoch. Sie hat oben einen Durchmesser von 11 cm, der Deckel hat unten einen Durchmesser von 13 cm. Der Bodendurchmesser der Dose beträgt 10 cm, sie wird aus acht Boden- und Wandstaken mit je 55 cm Länge gefertigt, siehe Seite 13. Ebenso, nur runder in der Form und mit sechs Boden- und Wandstaken, wird der Deckel begonnen.

Boden, Wandbeginn und Deckelbeginn wurden im Zweiergeflecht, siehe Seite 19, gefertigt, am Deckel wurde eine 13. Wandstake und bei der Dose eine 17. Wandstake zugesteckt, um das Einergeflecht (auf

Seite 18 erklärt) zu ermöglichen. Der Kipprand über drei, siehe Seite 31, schließt Dose und Deckel ab.

Der Henkel beginnt mit einer Schlaufe, beide Fadenenden werden verdreht und anschließend innen und außen verstochen, wie auf den Fotos oben gezeigt.

Gefleckter Wollkorb

Hier kann das Verlaufen der Farbschichten ineinander beobachtet werden: Ich habe Beizen in den Farben Gelb, Blau, Rot und Lila verwendet, am Übergang zwischen Blau und Gelb entsteht z. B. Grün.

Dieser Korb hat einen aufliegenden Deckel, der genauso groß wie der äußere Rand der Öffnung ist. Er kann einfach mit einem Faden angebunden werden.

Dann kann die Wolle im Korb laufen und durch das Loch im Deckel entnommen werden.

Boden und Deckel beginnen mit dem Spaltboden. Spaltboden heißt, dass, wie beim „normalen" runden Boden, jede der acht Bodenstaken aufgespalten wird und – wie auf dem Foto erkennbar – die Bodenstaken dann in Zweierpaaren ineinander gesteckt werden: Ein Stakenpaar nimmt an einer Stelle ein Stakenpaar auf und geht an einer anderen Stelle durch ein folgendes Stakenpaar. Das Loch in der Mitte kann verschieden groß geschoben werden. Dieses System eignet sich auch gut für den Beginn von Lampenschirmen, da man in der Mitte die Aufhängung oder die Fassung durchstecken kann. Erst mit dem Geflecht wird die Größe fixiert. Beim Boden wurden die Lagen mehr zusammengeschoben als beim Deckel, bei dem eine Öffnung für die Wolle bestehen bleiben soll.

Der Boden beginnt mit 2 mm-Fäden jeweils um die vier Stakenpaare. Nach dem Aufbiegen und Einstecken der Wandstaken, siehe Seite 17, wird mit 3 mm-Fäden fortgeführt. Der Deckel verarbeitet nur 3 mm-Rohr als Faden.

Der fertige Korb hat einen oberen Durchmesser von 15 cm und einen Bodendurchmesser von 16 cm. Er verfügt über acht Bodenstaken und 16 Wandstaken mit einem Durchmesser von 4 mm à 40 cm Länge und ist im Zweiergeflecht, siehe Seite 19, gearbeitet. Die Dose schließt mit einem Flechtrand hinter eins vor

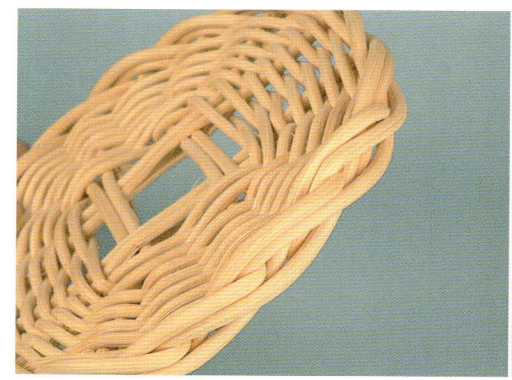

drei, Ende außen (siehe Seite 40), der Deckelrand mit einem Flechtrand hinter eins vor zwei, Ende außen (siehe Seite 38).

Dose mit Füllhorndeckel

Die violette Dose rechts wird mit einem Füllhorndeckel (aus neun Staken, 24 cm lang, Anleitung siehe Seite 24) verschlossen, der sowohl aufliegend als auch als Überwurfdeckel gefertigt werden kann. Für die Krempe des Füllhorndeckels wurde der Kipprand über fünf (vgl. Seite 32) nach außen gekippt.

Im unteren Bereich wurde die violette Beize dick aufgetragen, nach oben zu nur noch ausgestrichen.

Der Korb ist ohne Deckel 14 cm, mit Deckel 22 cm hoch. Der Boden hat einen Durchmesser von 7 cm und wird aus sechs Bodenstaken à 10 cm Länge gefertigt, siehe Seite 13. 16 Wandstaken à 25 cm Länge werden eingesteckt (Seite 17) und im Zweiergeflecht (Seite 19) umflochten. Der Füllhorndeckel ist wie auf Seite 24 beschrieben im Einergeflecht gearbeitet.

Wer sagt denn, dass ein Korb immer rund sein muss? Diese tollen Exemplare zeigen Ecken und Kanten.

Quadratischer Zeitungskorb

Dieser Korb ist 21 cm hoch und über einem Holzboden mit quadratischer Grundfläche und Kantenlänge von je 20 cm geflochten. Die 41 Wandstaken, je 45 cm lang, wurden mit einem einfachen Füßchen mit dem Boden verbunden, siehe Seite 11.

Die Wand ist im Einergeflecht (siehe Seite 18) gefertigt. Jeweils zwölf Runden aus Peddigrohr wechseln sich mit zwei Runden aus Filzband, 2 cm breit, ab. Das im Bastelbedarf erhältliche Filzband war eine echte Neuentdeckung für mich. Es lässt sich sehr gut verflechten und setzt den Staken etwas Widerstand entgegen, ist also nicht so weich wie das auf Seite 57 benutzte Schleifenband. Für den Anfang schneiden Sie das Filzband sehr schräg zu, nach zwei Runden passen Sie das Ende mit einem schrägen Schnitt genau an den Anfang an.

Als Abschluss habe ich hier den Flechtrand hinter eins vor zwei, Ende außen mit Zusatzfaden (Dreierzuschlag, siehe Seite 39) gewählt.

Kiste mit eckigem Eingriff

Die Kiste ist 14 cm hoch und über einem Sperrholzboden mit den Maßen 31 cm x 24 cm gearbeitet. Der Boden wurde mit einem einfachen Füßchen, siehe Seite 11, mit den 52 Wandstaken (4 mm stark, je 35 cm lang) verbunden.

Unten und oben finden Sie je vier Runden Dreiergeflecht (Seite 20) mit braunem 3 mm-Faden, dazwischen zwölf Runden Einergeflecht (Seite 18) mit weißem 3 mm-Faden, dann sechs Runden Zweiergeflecht mit rechts- und linksgedrehtem Faden (siehe Seite 22), in das der Griff integriert ist, und über dem Griff noch vier Runden Einergeflecht.

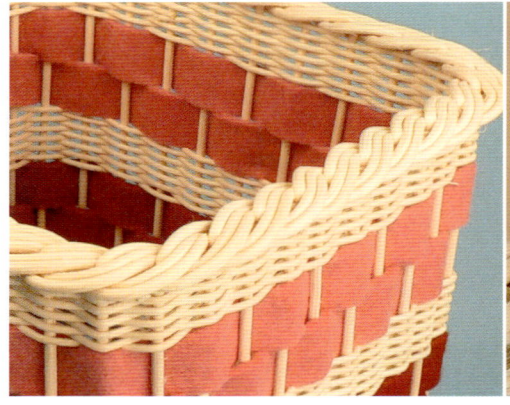

Die Kiste beschließt ein Flechtrand hinter eins vor drei (Ende außen, siehe Seite 40).

Runder Korb mit ausgeflochtenen Ecken

Dieser ungewöhnlich geformte Korb ist 7 cm hoch und hat oben einen Durchmesser von ca. 23 cm. Der Durchmesser des runden Bodens beträgt 15 cm. Er wird wie auf Seite 13 beschrieben aus acht Bodenstaken von je 18 cm Länge gefertigt. Dann werden 17 Wandstaken, je 40 cm lang, zugesteckt, siehe Seite 17.

An Geflechtarten finden sich oben und unten je fünf Runden Dreiergeflecht (siehe Seite 20), dazwischen Einergeflecht (siehe Seite 18). Als Abschluss habe ich hier den Flechtrand hinter eins vor drei (Ende außen, siehe Seite 40) gewählt.

Als besonderer Gag werden an diesem Korb Keile eingesetzt, deren Farbigkeit sofort ins Auge fällt. Jede Ecke wurde mit drei kurzen Keilen, abwechselnd orange und grün, ausgeflochten und kommen damit mehr nach oben. Kurze Keile bedeutet, dass ihre weiteste Ausdehnung über vier Staken geht:

Dafür wird der Faden rechts neben eine Stake (= Ausgangsstake) nach unten ins Geflecht gesteckt, im rechten Winkel abgeknickt und um die nächste rechte Nachbarin geführt, dann zurück über die Ausgangsstake und eins weiter nach links, um diese linke Nachbarin herum, nach rechts über die Ausgangsstake und die nächste rechte Nachbarin zur übernächsten rechten Nachbarin und um diese herum. An dieser Stelle hat der Keil seine größte Ausdehnung über vier Staken. Dann geht der Faden über die nächste rechte Nachbarin zurück zur Ausgangsstake, um diese herum und wird vor der nächsten rechten Nachbarin abgeknickt und nach unten ins Geflecht gesteckt (vgl. auch Seite 26). Bei dieser Technik müssen Anfänge und Enden der Fäden ins Geflecht gesteckt werden, damit sie der Zugbelastung bei der Umrundung der Staken etwas entgegensetzen können.

Der Effekt mit den Ecken verstärkt sich, wenn der Stakenabstand noch enger ist und dafür die Keile um mehr Staken gesetzt werden können. Wenn man aus einem runden Boden einen eckigen Korb fertigen will, wäre eine weitere Möglichkeit, schon in den Boden kleine Keile zu setzen. Die Schlaufen sollen immer wieder durch ganze Runden verdeckt werden.

Auch Ungewöhnliches lässt sich aus Peddigrohr flechten. Wie wär's mit einer umflochtenen Flasche, einem Sonnenhut oder gar einem Basecap? Wie Sie sehen, bekommt man aus dem flexiblen Rohr tatsächlich fast jede denkbare Form hin!

Basecap

Das Basecap ist ca. 30 cm x 20 cm x 15 cm groß.

Der Boden beginnt mit acht Staken mit je 80 cm Länge, siehe Seite 13. Für dieses besondere Stück nimmt man gerne die Unannehmlichkeiten durch das große Stakenkreuz zu Beginn in Kauf.

Geflochten wird durchgehend im Einergeflecht, am Kopfteil mit zwei aufeinanderfolgenden Fäden in Orange und Grün im Blockmuster, siehe Seite 18.

Für den Schirm werden sechsmal jeweils rechts und links einer Stake noch eine Stake mit 30 cm Länge zugesteckt (insgesamt zwölf Zusatzstaken, vgl. Seite 16). Für die Form des Schirmes kann es hilfreich sein, die Staken beim Flechten nach unten gegen den Tisch und teilweise gegen eine Tischkante zu drücken, damit sich der Schirm weiter biegt. Ein Keil, vgl. Seite

26, bringt den Hauptteil des Schirmes nach vorne. Dieses Basecap passt exakt auf Kopfgröße 56 – kein Scherz!

Den Abschluss bildet rundum ein Flechtrand hinter eins, vor zwei (Ende außen, siehe Seite 38).

Sonnenhut

Der Sonnenhut hat einen Außendurchmesser von 30 cm und ist 15 cm hoch.

Er wird mit acht Bodenstaken, je 20 cm lang, begonnen (siehe runder Boden, Seite 13), der Bodendurchmesser beträgt 17 cm. Pro Bodenstake wurden zwei Wandstaken zugesteckt (insgesamt 32 Wandstaken, 3 mm stark und 30 cm lang, vgl. Seite 17). Für die Krempe wurden die Wandstaken auseinander gebogen.

Er ist durchgehend im auf Seite 19 beschriebenen Zweiergeflecht geflochten und schließt mit einem Kipprand über drei (innen – außen – innen, siehe Seite 31) ab.

An diesem Sonnenhut kann man die Nachdunkelung von altem Material gegenüber dem neuen und viel helleren Schirm des Basecaps erkennen. Er wurde vor vier Jahren geflochten.

Eingeflochtene Flasche

Die Maße der fertigen Vasenflasche richten sich nach den Maßen der Flasche. Die gezeigte Flasche ist 28 cm hoch.

Für Wand und Boden benötigen Sie sechs Staken à 78 cm Länge, der Bodendurchmesser beträgt 8 cm. Nach der Fertigung des runden Bodens, siehe Seite 13, wird eine Stake mit 38 cm Länge zugesteckt.

Die Flasche beginnt unten mit einem Dreiergeflecht (Seite 20), das Zweiergeflecht (Seite 19) vor, während

und nach der einfachen Lücke (Seite 23) hält das Geflecht gut fest, der Rest wird im Einergeflecht (Seite 18) gefertigt.

Als Abschluss dient der einfache Kipprand über zwei, der wie das einfache Füßchen gefertigt wird (vgl. Seite 30 und 11).

Insgesamt soll das Geflecht bei jeder Flasche am Glas anliegen. Auf den ersten Reihen können Sie noch die Flasche aus dem Geflecht nehmen und die Staken ohne Flasche nach innen richten. Das geht später nicht mehr. Dafür gibt es eine andere Technik: Wenn Sie am Faden nach rechts ziehen, verkleinert sich der Kreis langsam und nimmt die Staken mit. Die linke Hand hält die Fäden fest. Sie dürfen die Spannung nicht aus dem Faden lassen. Wenn die Staken der Spannung nach rechts ausweichen wollen, werden sie gerade gerichtet und kommen so automatisch nach innen.

Für nach innen gehende Geflechte wie beim Flaschenhals führen Sie jeweils zwei Staken über mindestens fünf Runden zusammen. Man sollte nicht einfach die überzähligen Staken abschneiden, da sich das Geflecht sonst an dieser Stelle über die Staken hinweg auftrennen kann, vgl. Seite 16.

Körbe sind eine tolle Aufbewahrungsmöglichkeit für Früchte, Beeren und Blumen. Auf dieser Seite möchte ich Ihnen drei attraktive Beispiele vorstellen.

Große Obstschale

Diese Schale war eigentlich als Obstschale gedacht. Bei mir zu Hause fand sie aber ein 7 kg schwerer Kater furchtbar bequem und zum Be-Sitzen geeignet, was die Schale etwas verschob, ihr aber sonst nicht weiter schadete. Leider ist dieser bewegliche Inhalt nicht fotografisch dokumentiert. Generell kann ich sagen, dass Katzen meine Flechtwerke lieben – besonders im Prozess des Entstehens ...

Die Schale hat oben einen Durchmesser von 38 cm und ist 12 cm bis 18 cm hoch, wie beschrieben leicht schräg, richtet sich aber wie ein Stehaufmännchen ganz nach dem Belastungsschwerpunkt aus. Die zwölf Boden- und Wandstaken sind 3 mm stark und jeweils 90 cm lang, siehe Seite 13. Auch hier wird also mit einem großen, recht unhandlichen Stakenkreuz gearbeitet, aber bei der gewölbten Form wird die Verbindung so besser.

Zu Beginn wird im Zweiergeflecht (Seite 19), danach im Einergeflecht (Seite 18) mit drei übereinanderliegenden Fäden gearbeitet. Nach einigen Runden wird die Stakenanzahl durch Zustecken von 24 neuen Staken mit je 35 cm Länge verdoppelt.

Das Einergeflecht mit den drei übereinanderliegenden Fäden ist mit dieser geraden Stakenanzahl eigentlich nicht machbar, zumal es mit einem statt drei übereinanderliegenden Fäden gefertigt wurde. Geschummelt wurde auf der Unterseite, d.h. alle drei Runden wurde unten den Faden über zwei Staken geführt.

Der Bogenrand über sechs Staken als Abschluss wirkt besonders gut, da die Staken sehr eng stehen, siehe Seite 29.

Pflückkorb

Die Form dieses Sammelkörbchens ist überliefert. Mit ihm stieg man auch in die Bäume zur Ernte, z. B. bei Kirschen und Pflaumen. Durch die zwei Griffe, „Ohren" genannt, wurde der Gürtel gezogen, um den Korb vor dem Bauch gebunden dabei zu haben. Die eher höhere Form verhinderte das Herausfallen des Obstes.

Der Korb ist 26 cm hoch und hat oben einen Durchmesser von 15 cm. Der Boden hat ebenfalls einen Durchmesser von 15 cm und wird aus acht Staken à 18 cm Länge gefertigt, siehe Seite 13. Für die Wand werden wie auf Seite 17 beschrieben, 17 Staken, je 50 cm lang, zugesteckt. Geflochten wird zu Beginn über drei Runden mit einem Faden von 2 mm Stärke, dann mit Peddigschiene, 5 mm breit, alles im Einergeflecht, siehe Seite 18. Die Peddigschiene wird überlappend angelegt, d. h. der alte und der neue Faden gehen über zwei Staken (innen und außen) hintereinander.

Als Abschluss erhielt der Korb den Flechtrand hinter zwei vor zwei. Dieser Flechtrand ist in diesem Buch nicht explizit beschrieben, alternativ können Sie den auf Seite 40 erläuterten Flechtrand hinter eins vor drei oder andere fertigen. Als fortgeschrittener Flechter können Sie sich nach den allgemeinen Prinzipien diesen Rand auch herleiten aus dem Flechtrand hinter zwei vor drei, indem Sie den letzten Schritt um eine Stake verkürzen, siehe Seite 41.

Nach dem Randabschluss lagen alle Stakenenden außen. Im Nachhinein fiel auf, dass dies ungünstig sein könnte, da der Korb eng an der Kleidung getragen wird, und z. B. beim Klettern auf dem Kirschbaum Stakenenden außen stören könnten. Was tun? Um alle Staken wieder nach innen zu stecken, waren einige schon zu kurz, anstückeln wollte ich nicht bei einem Korb, der starke Bewegungen aushalten muss. Auftrennen wollte ich auch nicht mehr. Also wurden kurzerhand alle Stakenenden außen um eine Stake

und vor der nächsten wieder nach innen unter den Randabschluss und über das Geflecht gesteckt.

Diese Geschichte soll Mut machen, auch eigene kreative Lösungen zu versuchen und zu finden. Ich habe diesen Rand bisher in keinem Flechtlehrbuch gesehen. Da alle Staken denselben Weg gehen, entspricht er trotzdem der Definition eines Randabschlusses.

Blumenkörbchen

Das Blumenkörbchen ist 20 cm hoch (mit Henkel 39 cm) und hat oben einen Durchmesser von 15 cm. In den runden Holzboden mit einem Durchmesser von 12 cm werden 19 Staken mit 50 cm Länge eingesteckt.

Das Füßchen unterhalb des Holzbodens ist die Besonderheit dieses Körbchens. Ein Füßchen dient als Merkmal zur Gestaltung von Körben und hebt den Korb an, z. B. damit der Inhalt weiter oben geschützt ist, etwa vor feuchtem Gras. Er wird folgendermaßen gearbeitet: Nachdem Sie die Staken durch den Holzboden gesteckt haben, flechten Sie erst das Füßchen ab dem Holzboden nach unten wie eine nach außen gerichtete kleine Schale. Danach setzen Sie den Flechtrand und können dann den Korb auf das Füßchen stellen und nach oben weiter flechten. D. h., Sie beginnen, wie auf Seite 78 als Detailfoto zum Serviettenring gezeigt. Der Unterschied ist, dass beim Serviettenring der Boden anschließend herausgezogen wird und beim Blumenkörbchen der Boden oben und unten eingeflochten wird.

Mit dem braunen Peddigrohr wird im Zweiergeflecht (Seite 19) mit dem weißen Peddigrohr im Einergeflecht (Seite 18) gearbeitet.

Der Randabschluss ist sowohl oben wie auch unten der Flechtrand hinter eins vor zwei (Ende außen, siehe Seite 38). Um den Korb abwechslungsreich zu gestalten, habe ich den Flechtrand auf der unteren Seite seitenverkehrt geflochten. Der Henkel mit Seele in Weidenflechttechnik, siehe Seite 48/49, wird zuletzt angesetzt.

Das braune Peddigrohr wird im Dreiergeflecht (siehe Seite 20) verarbeitet. Für den Sonnenschutz wird im Einergeflecht wie auf Seite 26 beschrieben mit weißen Fäden ein Keil gesetzt.

Die robust und rustikal wirkende Musterung mit weißen Fäden in der Mitte ist für fortgeschrittene Flechter gedacht: Im Wechsel werden rechts- und linksgedrehte Geflechte mit jeweils drei Fäden übereinander im Dreiergeflecht gearbeitet. Sie arbeiten also pro Runden mit neun Fäden gleichzeitig (siehe Seite 20). Um sie auszugleichen, kommen die Fadenanfänge jeweils an andere Stellen.

Der Flechtrand hinter zwei vor drei (Ende außen, vgl. Seite 41), dient als Abschluss. Das Fahrgestell bekommen Sie im Flechtereigroßhandel. Sie befestigen es am besten mit Schrauben.

Ovales Tablett

Das ovale Tablett wird über einem ovalen Holzboden, 33 cm x 23 cm, geflochten. Das Füßchen überdeckt dabei den Holzboden, siehe Seite 12. Insgesamt ist das Tablett 7 cm hoch.

39 Staken mit 60 cm Länge werden in den Holzboden eingesteckt. Das spiralförmige Muster entsteht folgendermaßen: Das Zweiergeflecht wurde dreimal hintereinander angesetzt und immer verlängert, zweimal mit zwei Fäden in Weiß und einmal mit zwei Fäden in Braun, vgl. Seite 19. Der Flechtrand hinter zwei vor drei (Ende außen, Seite 41) schließt das Tablett ab.

Zuletzt wird wie auf Seite 49 beschrieben ein Henkel mit Seele mit Peddigband belegt angebracht. Bei dieser Henkelart oder auch beim Griff der Stielrassel auf Seite 71 kann es vorkommen, dass der Faden für die Umwicklung nicht über die gesamte Länge reicht. Wenn Sie keinen längeren Faden zur Verfügung haben, müssen Sie ein Ende mitten im Griff ansetzen. In diesem Fall stecken Sie ein Ende der neuen Schiene

in das alte Geflecht, umwickeln es über mindestens 5 cm und fixieren es so. An einer unauffälligen Stelle (möglichst nicht im oberen Griffbereich, eher an der Seite) tauschen Sie beide Schienen aus. Dazu knicken Sie beide Schienen scharf rechtwinklig ab. Die neue Schiene übernimmt und macht über der alten Schiene die Umwicklung weiter. Das alte Schienenende wird ebenfalls rechtwinklig umgebogen und mit dem neuen Geflecht überwickelt. Diese Technik funktioniert auch beim Ansetzen von Fäden während einer Umwicklung z. B. beim Rasselhenkel, siehe auch Skizze auf Seite 49.

Puppenwagen

Der Puppenwagen ist ohne Gestell 25 cm hoch, 26 cm breit und 35 cm lang. Er wird über einem ovalen Holzboden, 30 cm x 23 cm, gearbeitet. 39 Staken à maximal 60 cm Länge wurden eingesteckt und befestigt: das Füßchen überdeckt den Holzboden, siehe Seite 12.

Lampenschirm

Der Lampenschirm hat einen Durchmesser von 38 cm und ist 20 cm hoch.

Er wird wie die Serviettenringe von Seite 79 begonnen, aber mit elf 3 mm-Staken à 60 cm Länge. Der Boden wird später abgezogen und die oberen Staken als Kipprand über drei, siehe Seite 31, verflochten. Gleich zu Beginn werden zehn Staken à 55 cm Länge zugesteckt. Kurz darauf 20 Staken, je 40 cm lang, so dass Sie insgesamt 41 Staken haben. Aufgrund der hohen Stakenanzahl vergehen einige Stunden bei der Fertigung im Einergeflecht mit Peddigschienen, vgl. Seite 18. Als Akzent wurde gegen Ende eine Runde mit brauner Peddigschiene mit eingeflochten. Der Flechtrand hinter eins vor zwei (Ende innen, Seite 37) bildet den Abschluss.

Auch größere Körbe für Papierabfälle, den kleinen Waschtag oder als Schirmständer können Sie aus Peddigrohr fertigen. So findet alles seinen Platz.

Papierkorb

Der Papierkorb ist 28 cm hoch und hat oben einen Durchmesser von 24 cm. Er wird über einem runden Holzboden mit dem Durchmesser 20 cm gefertigt. 19 Wandstaken à 75 cm Länge werden eingesteckt und befestigt, indem das Füßchen den Holzboden bedeckt, siehe Beschreibung Seite 12.

Die braunen Streifen werden im Dreiergeflecht gearbeitet, siehe Seite 20. Der untere und obere Teil bestehen aus Einergeflecht, siehe Seite 18, zwischen den oberen beiden Streifen in Braun wird das Einergeflecht mit zwei übereinanderliegenden Fäden verwendet.

Als Abschluss habe ich einen Flechtrand hinter eins vor zwei (Ende außen, siehe Seite 38) angebracht.

Wäschekorb mit Deckel

Der Wäschekorb ist 42 cm hoch und hat oben einen Durchmesser von 39 cm.

Er hat einen runden Holzboden mit Durchmesser 32 cm, 27 4 mm-Staken von je 120 cm Länge wurden eingesteckt und fixiert, indem das Füßchen den Holzboden überdeckt, siehe Seite 12.

Das weiße Einergeflecht (siehe Seite 18) herrscht vor, die braunen Ringe im Dreiergeflecht (siehe Seite 20) geben diesem großen Korb seinen guten Halt.

Den Abschluss bildet ein Zopfrand, siehe Anleitung auf Seite 43. Er wurde nach außen gekippt, indem als erster Schritt alle Staken hinter die nächste Stake nach innen und vor die nächste Stake nach außen gelegt wurden. Es ergibt sich ein geschlossener Ring wie beim ersten Schritt des Flechtrandes hinter eins

(siehe Seite 34, Schritte 1 und 2). Die außen liegenden Staken werden als stehend angesehen, d. h. innen ist jetzt oben und außen ist jetzt unten. Dann wird der Zopfrand gefertigt wie bekannt.

Alle Fadenenden sind nach unten in das Geflecht eingesteckt, damit sie sich nicht mit der Wäsche verhaken. Alternativ könnten Sie auch einen Stoff einnähen.

Der Deckel des Wäschekorbes ist im Prinzip eine große Schale, in der Sie auch separat Wäsche sammeln können. Er ist 15 cm hoch und hat einen Durchmesser von 44 cm. Der Boden wird gemäß der Beschreibung auf Seite 13 aus acht je 155 cm langen 4 mm-Staken gefertigt (der Zopfrand mit dem starken Material braucht viel Länge). Später werden nach und nach insgesamt 13 Staken à 70 cm Länge zugesteckt.

Die Mitte wird im Zweiergeflecht (Seite 19) gearbeitet, es folgen das Einergeflecht (Seite 18) und für die Wand das Dreiergeflecht (Seite 20). Der Zopfrand wird wie beim Wäschekorb beschrieben nach außen gekippt gearbeitet.

Schirmständer

Der Schirmständer ist 53 cm hoch und hat oben einen Durchmesser von 22 cm. Er wird über einem ovalen Holzboden, 22 cm x 17 cm, gearbeitet, in den 33 Wandstaken, 4 mm stark, je 75 cm lang, eingesteckt und mit dem einfachen Füßchen befestigt werden (siehe Seite 11).

Er wird im auf Seite 18 beschriebenen Einergeflecht mit zwei übereinander liegenden Fäden (unten) und einfachem Faden (oben) gearbeitet. Die Musterstreifen entstehen im rechts- und linksgedrehten, gegeneinander gesetzten Dreiergeflecht, siehe Seite 20. Die Lücke wird wie auf Seite 23 beschrieben gefertigt und erstreckt sich über eine Höhe von ca. 15 cm.

Der Korb schließt oben mit dem Flechtrand hinter zwei vor drei (Ende außen, siehe Seite 41) ab.

Die starken Staken und der enge Abstand bewirken eine sehr große Stabilität, auch wenn die große Lücke dies nicht auf den ersten Blick vermuten lässt. Unten wird ein Gefäß, z. B. ein Blumenübertopf, zum Auffangen des Regenwassers eingeflochten.

Weinflaschenkorb

Für diesen hübschen Korb, in dem Sie eine Flasche Wein präsentieren können, wird ein ovaler Boden gefertigt. Der Boden hat die Maße 20 cm x 10 cm, der Spiegel ist 12 cm lang. Die neun Quer- und drei Längsstaken für den Boden sind 4 mm stark.

Als Wandaufbau habe ich die Abfolge von Geflechten gewählt, anhand derer meine Schüler rechts- und linksgedrehte Geflechte erlernen müssen: Drei Runden Dreiergeflecht rechtsgedreht, dann drei Runden Dreiergeflecht linksgedreht (siehe Seite 20). Drei Runden Zweiergeflecht rechtsgedreht, drei Runden Zweiergeflecht linksgedreht und drei Runden Zweiergeflecht rechtsgedreht (siehe Seite 19). Schließlich sechs Runden Einergeflecht (siehe Seite 18), für die Ergotherapeutenschüler einhändig zu fertigen, der Trick ist, dabei den Korb zu beschweren.

Auf halber Höhe werden Hilfsstaken à 15 cm Länge jeweils links neben die Hauptstake zugesteckt, damit die Hauptstake später nach rechts weggebogen werden kann, da der Rand auch nach rechts verläuft, siehe Beschreibung auf Seite 16. Für die Lücken (siehe Seite 23) werden die Hauptstaken nach rechts und die Hilfsstaken nach links gebogen. Dann mit Wäscheklammern nach der Lücke die Staken über der Stelle zusammenfügen, an der sie unten auseinander gehen.

Nach der Lücke beginnen Sie mit einer Schlaufe im Zweiergeflecht. Die Schlaufe wird zwischen der ersten und der zweiten Runde mit dem Faden festgehalten, der im Korbinneren direkt über der Schlaufe verlaufen würde. Dieser Faden geht im Korbinneren von unten nach oben durch die Schlaufe und hält sie fest, damit sie nicht nach unten wegrutschen kann. Der zweite äußere Faden geht über die Schlaufe. Danach weiter flechten wie gewohnt.

Nach drei Runden müssen die Staken oben nebeneinander sortiert werden. Dabei wird der Korb an einer Schmalseite für den Flaschenhals schon stark nach außen gebogen und mit einem Keil erweitert, siehe Beschreibung Seite 26.

Ein Zopfrand gemäß der Anleitung auf Seite 43 bildet den Abschluss.

Apfelkorb

Das Muster in der Mitte dieses Korbes ist ein Schachbrettmuster. Dabei wird ein Blockmuster gefertigt, z. B. mit einem Zweiergeflecht mit gerader Stakenanzahl, siehe Seite 19. Nach immer derselben Anzahl von Runden (hier drei Runden) werden die Farben ausgetauscht. Der weiße Faden wird an den braunen Faden und der braune Faden an den weißen Faden angesetzt. Dabei muss der Ansatz der Fadenenden wie normal im Zweiergeflecht gefertigt werden. Ich weise extra darauf hin, da dies ein oft gemachter

Fehler ist. Bei allen Ansätzen muss trotz der Farbänderung die Geflechtart weitergeführt werden, siehe Seite 21.

Der Apfelkorb ist über einem Holzboden mit Durchmesser 32 cm gefertigt, das Füßchen überdeckt den Holzboden, siehe Seite 12. 27 Staken, 4 mm stark und 80 cm lang, wurden so befestigt.

Zu Beginn werden drei Runden im Dreiergeflecht (Seite 20) gearbeitet.

Es folgen zwölf Runden Schachbrettmuster, d. h. viermal drei Runden im Zweiergeflecht bei gerader Stakenanzahl mit einem weißen und einem braunen Faden. Um diese gerade Stakenanzahl zu erreichen, wird eine Hilfsstake, 4 mm stark und 16 cm lang, zugesteckt. Über dem Schachbrettmuster arbeiten Sie sechs Runden im Einergeflecht (Seite 18) mit Doppelfaden.

Den Abschluss bildet ein gemäß der Anleitung auf Seite 43 gefertigter Zopfrand.

Pannenhilfe

Was tun, wenn ...

Beim Biegen der Staken

Wenn die Staken sich nicht nach außen biegen lassen, stellen Sie einen Blumentopf, einen Eimer oder ein anderes sich nach außen öffnendes Gefäß in den Korb. Oder Sie binden einen größeren Holzboden innen an die Staken, so dass die Staken ständig nach außen gedrückt werden, und flechten weiter.

Wenn die Staken sich nicht nach innen biegen lassen, binden Sie die Staken oben fest zusammen. Weiter oben binden Sie, wenn die Staken eher leicht nach innen gebogen werden sollen. Weiter unten binden Sie, wenn die Korbwand sich stark nach innen neigen soll.

Wenn die Biegung sofort beginnen soll, müssen Sie die Staken mit der Rundzange anknicken, über das Geflecht biegen oder anstechen. Durch ihre Spannung wollen die Staken in der alten Richtung geradlinig weiterlaufen. Mit diesen Brachialmethoden nehmen Sie die Spannung aus den Staken.

Wenn trotz nach außen gebogener Staken der Korb nach innen wächst, ziehen Sie zu sehr am Faden. Biegen Sie die Staken erneut nach außen und legen Sie den Faden lockerer um die Staken herum.

Wenn eine Stake anknickt oder anbricht, wird sie unterstützt, indem eine kurze Hilfsstake als „Schiene" neben diese Stelle gesteckt wird.

Wenn eine Stake abbricht, stecken Sie eine neue, unten angespitzte Stake neben die alte ins Geflecht.

Wenn der Korb im feuchten Zustand oder beim Trocknen verbogen wurde, können Sie ihn erneut nass machen und wieder zurückbiegen in die alte Form. Keine Angst und nicht zu zaghaft.

Wenn der Boden wackelt, probieren Sie mal, ihn feucht in Form zu biegen (dazu müssen Sie ihn fast „kneten", die Bodenstaken fast zusammenbringen) und beschwert trocknen zu lassen.

Wenn der Untersetzer nicht flach werden will, arbeiten Sie ihn auf einem Tisch und nicht in der Luft. So wird es leichter.

Wenn nur eine Materialstärke vorhanden ist, kann man auch zwei Fäden nebeneinander als eine Stake verwenden.

Beim Umflechten der Staken

Wenn bei einer geraden Lochanzahl im Holzboden Einergeflecht gefertigt werden soll, bohren Sie ein zusätzliches Loch in den Holzboden und drücken die enger stehenden Staken beim Flechten auseinander. Sie können auch das Einergeflecht mit zwei aufeinanderfolgenden Fäden fertigen wie auf Seite 18 beschrieben.

Wenn Sie trotz gerader Stakenanzahl Einergeflecht fertigen wollen, können Sie die Stakenanzahl verändern. Sie können jederzeit eine neue Stake neben eine andere Stake in das Geflecht dazu stecken und alles, auch die Böden mit einem Faden flechten. Oder Sie umflechten einmalig zwei Staken als eine Stake, wie am Flaschenhals auf Seite 84 gezeigt.

Wenn in einer Beschreibung das Zweiergeflecht oder das Dreiergeflecht benannt ist, Sie aber Einergeflecht fertigen wollen, achten Sie auf die ungerade Stakenanzahl. So können Sie alle gezeigten Körbe im Einergeflecht fertigen.

Wenn Sie beim Flechten (speziell beim Dreiergeflecht) aus dem Rhythmus und nicht weiter kommen, lösen Sie das Geflecht auf bis zu der Stelle, wo es noch richtig ist. Von dort geht es ganz normal weiter.

Bricht ein Faden, ohne gänzlich durchzureißen, kann man ihn mit folgendem Test auf Haltbarkeit prüfen: Sie ziehen beide Enden kräftig auseinander. Reißt der Faden, setzen Sie ihn neu an. Wenn der angebrochene Flechtfaden nicht reißt, können Sie den Bruch nach innen wegdrehen, so dass die ganzen Fasern außen sichtbar sind.

Reparaturen im Geflecht

Wenn Sie einen Fehler im Geflecht gleich bemerken, reparieren Sie ihn sofort, indem Sie bis zur fehlerhaften Stelle auftrennen und neu weiter flechten.

Als fortgeschrittene Flechter können Sie Fehler im Geflecht selbst reparieren, wenn Sie das System der Geflechtart kennen und erkennen:

Zu lang geratene Fäden schneiden Sie an einer Seite auf. Die verkürzten Fäden stecken Sie an der richtigen Stelle ins Geflecht. Lücken schließen Sie durch das Zustecken farbgleicher Fäden.

Das Aufschneiden der Fäden sollte so erfolgen, dass die verkürzten Fäden nach dem Einstecken innen hinter der richtigen Stake halten können. Dazu ziehen Sie die Fäden nach (= rechts von) der richtigen Stake mit dem Vorstecher stark nach außen, schneiden nach dieser Stake ab und stecken die Fäden vor (= links von) der richtigen Stake nach innen.

Wenn Sie beim Zweier- oder Dreiergeflecht zwei- oder dreimal Fäden herausgeschnitten und verkürzt haben, besteht eine kleine Lücke im Geflecht. Diese Lücke erkennen Sie daran, dass außen um die Stake kein Faden verläuft. Indem Sie an dieser Stelle einen neuen Faden hinzufügen, schließen Sie die Lücke.

Diese Stelle ist zu betrachten wie die normalen Ansatzstellen beim Fadenende. Besser ist es, wenn Sie diesen neuen Faden nicht nur U-förmig einlegen, sondern den angrenzenden bzw. weiterführenden Faden einmal zurückflechten. Damit kann der neue Faden W-förmig eingefügt werden und ist im Geflecht fest integriert.

Die so reparierten Stellen fallen im Geflecht nicht weiter auf.

Reparaturen beim Randabschluss

Wenn eine Stake beim Randabschluss bricht, haben Sie zwei Möglichkeiten:

Entweder Sie schneiden die alte Stake direkt über dem Geflecht ab und stecken eine geweichte neue Stake neben die abgeschnittene Stake ins Geflecht. Wenn Sie die neue Stake links neben die abgeschnittene stecken, wird diese überdeckt und ist kaum sichtbar.

Oder Sie bessern die Stake direkt am Rand aus. Dazu stecken Sie die neue gewässerte Stake über das Geflecht und unter den Rand, als ob die alte Stake

weitergelaufen wäre. Die alte Stake wird abgeschnitten. Die neue Stake soll nicht nur U-förmig verlaufen, da sie herausfallen könnte. Wenn Sie gebogen ist wie ein N oder wie ein W, hält sie fest (siehe Skizze unten).

Ganz wichtig: Anfänger sollten erst einmal mit den einfachen, ersten Arbeiten beginnen und Erfahrungen sammeln. Sie tun sich keinen Gefallen, wenn Sie ein zu schwieriges Stück unvollendet und unzufrieden in die Ecke stellen.

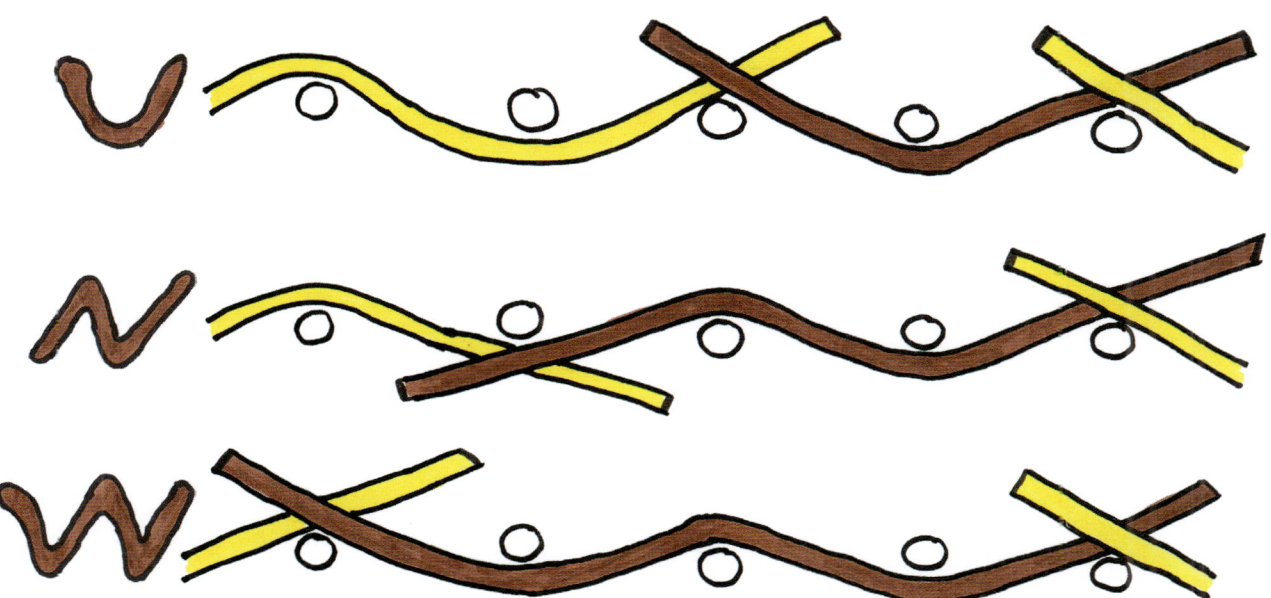

Wichtige Adressen / Tipps zur Materialbeschaffung

Unter der Seite www.flechtwerk-ev.de finden Sie Korbmacher und Kursangebote in Ihrer Nähe, außerdem weiterführende Informationen zum großen Thema Flechten. Profis und Hobbyflechter haben sich in diesem Verein als Netzwerk zusammengeschlossen.

Peddigrohr in hausgebrauchsüblichen Mengen erhalten Sie im Bastelfachhandel oder beim Korbmacher in Ihrer Nähe, den Sie unter dieser Berufsbezeichnung im Internet oder im Telefonbuch Gelbe Seiten finden.

Es ist jedoch schwierig, als Privatperson Flechtmaterialien, Werkzeuge, Holzböden, Puppenwagengestelle usw. vom Großhandel zu sehr günstigen Preisen zu erhalten, da die meisten Flechtmaterial-Großhändler (und alle mir bekannten, die ich für Sie gefragt habe) nicht an Privatpersonen liefern.

Auf die Bedürfnisse von Kleinverbrauchern wie Bastlern und Hobbyflechtern, aber auch Schulen, Ergotherapeuten usw. hat sich der Großhändler Hans Ender e.K. in 96272 Hochstadt, Thelitz 12, spezialisiert.

Sie können dort per Post, unter der Telefonnummer 09574-62320, der Faxnummer 09574-623232 oder per E-Mail (info@hans-ender.de) den kostenlosen Katalog anfordern. Am Telefon erhalten Sie bei Bedarf eine ausführliche, kompetente Beratung. Ich habe sehr gute Erfahrungen mit dieser Firma seit zehn Jahren.

Beim Großhändler müssen Sie die Mehrwertsteuer und die Versandkosten mit bedenken. Je nach Alternativangebot lohnt sich das etwa ab zwei Kilogramm = 4 Bündel à 500 g.

Als „Geheimtipp" für die Lieferung von Peddigrohr wie auch von vielen anderen Kreativmaterialien auch an Privatleute empfehle ich die Adresse einer Integrationsfirma für psychisch behinderte Menschen, die eine gute Auswahl an frischem Peddigrohr und bunten Tablettböden zu fairen Preisen verschickt. Dabei ist die Mehrwertsteuer enthalten, Versandkosten fallen bei kleinen Bestellungen an. Der Irseer Kreisversand GmbH ist zu finden in der Narzissenstraße 4 in 87600 Kaufbeuren, im Internet unter www.irseer-kreis.de, Telefon 08341-966740 und Fax 08341-9667499.

Diese beiden Anbieter kann mein eigener kleiner Verkauf in Preis und Leistung sowie in der Frische des Materials nicht unterbieten.

Danksagung

Dieses Buchprojekt in kürzester Zeit neben meiner normalen Berufstätigkeit zu verwirklichen, hat mich an meine Grenzen geführt und teilweise darüber hinaus. Dafür konnte ich dabei einiges lernen.

In die Bereiche Fotos und Skizzen musste ich mich erst einarbeiten. Vielen Dank an die Bernd-Blindow-Schule Leipzig für die Nutzung des Fotoateliers, an Frau Harms für die Betreuung des Fotoprojektes und an die Schüler Katrin Baer, Josephin Wierczoch, Ilona Pfeifer, Francis Rembarz und Annelie Komarek, die bei den Fotoarbeiten ihre Professionalität und eine Beteiligung über das normale Maß hinaus einbrachten.

Ich dachte immer, ich kann nicht zeichnen. Als das Leben dies von mir verlangte, war Kerstin Schütte, Kunsttherapeutin, zur Stelle und half mir über diese Schwelle.

Ebenso half sie bei Schreibblockaden zusammen mit Annett Model und Rena Kunschke.

Ein besonderer Dank gilt der Lektorin dieses Buches, Frau Gerweck, die meinen kreativ-chaotischen Arbeitsstil bis zum Ende mit Humor ertragen hat, für die besondere Mischung aus Ansporn und Grenzsetzung als Wächterin der Zeitschiene. Eigentlich müsste sie als Co-Autorin genannt werden, denn Teile der Korbbeschreibungen hat sie ausformuliert, als die Fertigstellung des Manuskripts keinen Aufschub mehr duldete. Von der ersten Idee im Dezember 2006 bis zur Fertigstellung Ende August vergingen neun Monate wie bei der Schwangerschaft mit dem Kind, das Frau Gerweck in den Tagen des Erscheinungstermines dieses Buches erwartet.

Dank auch meinen Schülern, die bei der großen Zahl von 62 Korbprojekten mir die Fertigung der letzten abnahmen, besonders Anja Kunschke und Jürgen Dreesen, aus deren geübten Fingern einige Projekte flossen. Durch ihr eigenes Engagement konnten beide im dritten „Lehrjahr" in die eigene berufliche Selbständigkeit als Flechter gehen.

Aus dem Kreis meiner Kursteilnehmer und Ergotherapieschüler kamen immer wieder Anfragen, wenn ich nicht verständlich erklärt habe. Einiges konnte direkt in dieses Buch einfließen.

An meinen privaten Kreis ein Dankeschön, denn ihr habt mich in der Zeit ganz praktisch in Wort und Tat (danke für die wunderbaren Essenlieferungen!) unterstützt.

Antje Hövel